Ingo Hamm / Marco Köhn

AiB
Betriebsrat-Stichwort

Handlungsmöglichkeiten des Betriebsrats

Handlungshilfe für eine erfolgreiche Interessenvertretung

4. Auflage

BUND
VERLAG

Bibliografische Information der Deutschen Nationalbibliothek

Die Deutsche Nationalbibliothek verzeichnet diese Publikation in der Deutschen National-
bibliografie; detaillierte bibliografische Daten sind im Internet über
http://dnb.d-nb.de abrufbar.

4., aktualisierte Auflage 2013
© 2013 by Bund-Verlag GmbH, Frankfurt am Main

Autoren: Ingo Hamm/Marco Köhn

Umschlag: Neil McBeath, Stuttgart

Druckvorstufe: Da-TeX Gerd Blumenstein, Leipzig
Druck: MediaPrint, Paderborn
Printed in Germany 2013
ISBN 978-3-7663-6049-6

www.bund-verlag.de

Inhalt

Abkürzungsverzeichnis

Abs.	Absatz
AiB	Arbeitsrecht im Betrieb (Zeitschrift)
ArbG	Arbeitsgericht
ArbGG	Arbeitsgerichtsgesetz
ArbSchG	Arbeitsschutzgesetz
Aufl.	Auflage
BAG	Bundesarbeitsgericht
BetrVG	Betriebsverfassungsgesetz
bzw.	beziehungsweise
ca.	circa
d. h.	das heißt
DKKW	Däubler/Kittner/Klebe/Wedde, Betriebsverfassungsgesetz, 13. Aufl., Frankfurt/Main 2012 (zitiert: DKKW-Bearbeiter)
f.	folgend
ff.	fortfolgend
i. V. m.	in Verbindung mit
KSchG	Kündigungsschutzgesetz
LAG	Landesarbeitsgericht
Nr.	Nummer
Nrn.	Nummern
Rn.	Randnummer, Randnummern
S.	Seite
sog.	so genannte
u. s. w.	und so weiter
u. U.	unter Umständen
v.	vom
vgl.	vergleiche
z. B.	zum Beispiel

Vorbemerkungen

Aller Anfang ist schwer! Diese Erfahrung müssen gerade neu gewählte Mitglieder im Betriebsrat machen. Die erste Hürde ist die Bestimmung der eigenen Rolle: Sie ist eine Durchbrechung des Grundprinzips unserer Rechtsordnung, wonach der Eigentümer einer Sache, also etwa derjenige, dem der Betrieb gehört, damit machen kann, was er will. Das Betriebsverfassungsgesetz (BetrVG) weist dem Betriebsrat hier bewusst die Funktion eines Konfliktorgans zu, der diese Eigentümerstellung begrenzt. Der Betriebsrat ist ein legitimer Sachwalter der Interessen der Beschäftigten und kein nur geduldeter Nörgler. Die Rechte des Eigentümers müssen dem gegenüber zurückstehen.

Allerdings nicht immer – und dies ist die zweite Hürde: Das BetrVG gibt dem Betriebsrat mal sehr weit reichende Einflussmöglichkeiten, mal gar keine. Die Facetten der gesetzlichen Grundlage seiner Arbeit kennen zu lernen und handhaben zu können ist damit unbedingt erforderlich für jedes Mitglied des Betriebsrats, sonst kann es seine Aufgaben nicht in der Form wahrnehmen, wie es von ihm verlangt wird. Dazu bieten sich ihm vor allem Grundlagenschulungen an, wie sie insbesondere die Einzelgewerkschaften und gewerkschaftlichen Bildungseinrichtungen veranstalten.

Ist das alles erfolgreich bewältigt, gilt es eigentlich nur noch einen weiteren Schritt auf dem Weg zur erfolgreichen Betriebsratsarbeit zu bewältigen, der sich aber in der Praxis häufig als die höchste Hürde erweist. Die Suche nach dem Ziel der eigenen Arbeit, für dessen Realisierung die Werkzeuge des BetrVG erst kreativ eingesetzt werden können. Dazu finden sich nämlich nirgendwo Vorgaben, allenfalls Denkanstöße. Ob der Betriebsrat einer Prämienregelung zustimmt oder Änderungen durchsetzen will, das verlangt mehr als die Kenntnis der Rechtslage. Hier kommt es auf fachliches Wissen ebenso an, wie auf die Berücksichtigung der Anliegen der Beschäftigten und gut organisierte Diskussionsprozesse im Betriebsrat und der Belegschaft.

Das Betriebsverfassungsgesetz stellt das Handwerkszeug bereit, um all diese Anforderungen zu erfüllen. Wie die Rechte im Einzelnen ausgestaltet sind und richtig miteinander kombiniert werden können, das ist das Thema dieses kleinen Werks. Um die Angelegenheit nicht zu theoretisch werden zu lassen, orientieren wir uns an einer Situation, die alle schon kennen gelernt haben: die Betriebsratssitzung.

Bochum/Berlin, Januar 2013

Ingo Hamm/Marco Köhn

I. Guten Morgen zur Betriebsratssitzung

So muss das wohl sein. Noch nicht ganz im Amt und schon stürzt alles unsortiert auf die Neugewählten nieder.

Allein die Tagesordnung, die die Vorsitzende vorher an alle gemailt hat, platzt aus allen Nähten:

Eine Beschlussfassung über die Einstellung von zwei neuen Monteuren war dort angekündigt, außerdem sollte das Thema „Mehrarbeit" an der neuen Stanze diskutiert werden. Was sich unter der Überschrift „Personelles" verbirgt, wird wohl erst auf der Sitzung erläutert werden.

Wir wussten natürlich schon, dass die neue Stanze in unserem angeblich hochmodernen Druckgussbetrieb nicht so läuft, wie es anfänglich geplant war. Aber was hat der Betriebsrat damit zu tun?

Nicht genug mit diesen Themen, auf der Sitzung selbst geht es weiter:

Vorhin, sagt die Betriebsratsvorsitzende, habe ihr der Vertriebschef noch einen Zettel zugesteckt. Natürlich sagt sie nicht „Zettel", sondern „Anhörungsbogen". Darin steht, dass der Einkäufer, den sowieso niemand mag, an seinen Spesen manipuliert haben und deshalb fristlos gekündigt werden soll.

Außerdem scheint unsere Firma im Augenblick zu viel Geld zu haben. Der Geschäftsführer will sämtliche Verwaltungsräume umbauen und Gruppenarbeitsplätze schaffen. Die Vorsitzende schmeißt einen Stapel Pläne und Skizzen auf den Tisch. Was sollen wir damit jetzt wieder? Sind wir Architekten?

Wer zu spät kommt ... Nein, der wird nicht bestraft, sondern der macht heftig Wirbel: Die Schwerbehindertenvertreterin kommt als letzte zur Sitzung, hat dafür aber frische Nachrichten, die sie aufgeregt verkündet: In der Lagerhalle ist sie auf die Kollegin gestoßen, die erst vor einem viertel Jahr auf ihre Initiative hin wegen ihrer Behinderung einen Arbeitsplatz in der Poststelle bekommen hat. Jetzt packt sie mit ihren kaputten Knochen wieder Kleinteile in Kartons. Aber nicht nur das: Sie steht dabei auch noch im Durchzug, weil das Tor, durch das die Alu-Blöcke angeliefert werden, nicht mehr richtig schließt.

Nun haben wir den Salat: einen Haufen Themen auf der Betriebsratssitzung und keine Vorstellung davon, womit wir uns befassen sollen und was wir eigentlich ausrichten können. Muss der Arbeitgeber das Tor reparieren, wenn wir das verlangen? Können wir ihn dazu zwingen? Müssen wir was beschließen und vielleicht sogar selber einen Monteur dorthin schicken? Was machen wir, wenn der Betriebsleiter gar nichts tut? Die Kollegin zum Streik auffordern?

Braucht der Arbeitgeber unsere Meinungsäußerung zur Kündigung oder zur Mehrarbeit überhaupt und was passiert, wenn wir uns einfach nicht rühren? Schnell zeigt sich, dass mit der diffusen Vorstellung von Mitbestimmung des Betriebsrats, die bis zur Kandidatur zu diesem Gremium vorherrschend war, hier nicht mehr viel anzufangen ist. Erst recht nicht, wenn die Kollegen, die schon eine Amtsperiode oder mehr hinter sich haben, am großen Rad der Begriffe drehen, ohne dass klar wird, was sich eigentlich bewegt.

Von „Anhörung" und „Initiativrechten" ist die Rede, von „Zustimmungsverweigerung" und „Beratungsrechten". Einigungsstelle und Arbeitsgericht kommen ins Visier einiger Diskussionsbeiträge, andere ergehen sich in langen Ausführungen über die Notwendigkeit einer Betriebsvereinbarung. Für uns Neulinge gibt es jetzt nur noch zwei Möglichkeiten: Entweder sofort resignieren oder Ordnung in das Chaos bringen. Wir wollen Letzteres versuchen.

II. Das Betriebsverfassungsgesetz: Kein Buch mit sieben Siegeln

Was der Betriebsrat im Einzelfall rechtlich bewegen kann, ergibt sich aus dem Betriebsverfassungsgesetz und wenigen anderen Gesetzen. Allerdings nicht nur. Mindestens ebenso wichtig sind die dort nicht beschriebenen Formen der politischen Auseinandersetzung. Sie funktionieren jedoch besser, wenn das gesetzliche Instrumentarium einigermaßen klar ist und an der richtigen Stelle die richtige Maßnahme zumindest angedroht werden kann.

1. Die Vierteilung der Beteiligungsformen

Kernstück der Betriebsverfassung

Juristen behaupten gerne, ein Blick in das Gesetz erleichtere die Rechtsfindung. Das ist zunächst mal etwas vorlaut, aber nicht ganz falsch. Falsch ist allerdings die Hoffnung, dass bereits der erste Blick die erhoffte Erleichterung verschaffen könnte. Etwas Übung beim Lesen von Gesetzen gehört schon dazu, ebenso wie ein grober Überblick über das System der Mitbestimmungsrechte. Wie wichtig beides ist, zeigt der Teil des Betriebsverfassungsgesetzes, der sich mit der „Mitwirkung und Mitbestimmung der Arbeitnehmer" befasst, überdeutlich.

In den besagten Vorschriften, also ab § 74, geht es bunt gemischt zu. Da gibt es Unterrichtungsrechte in § 80, Erörterungspflichten in § 81, Mitbestimmungsrechte des Betriebsrats in § 87, Zustimmungsverweigerungsrechte in § 99 und Anhörungsrechte in § 102 BetrVG. Die meisten dieser Rechte stehen zwar unter der Überschrift „Mitbestimmung", sie unterscheiden sich jedoch in ihrer Reichweite erheblich. Wir schauen uns zunächst diese Unterschiede an. (Zum richtigen Umgang, sprich: Lesen von Gesetzestexten, gibt es einen kleinen Hinweis in Anhang 3 dieser Broschüre.)

1.1 Informations- und Beratungsrechte

Die Informations- und Beratungs-/Erörterungsrechte bilden das „Fundament" der Mitbestimmung. Informieren muss der Arbeitgeber den Betriebsrat in allen Fragen, die seine Aufgabenstellung nach dem Gesetz berühren. Gleichzeitig ist er auch verpflichtet, sich mit dessen Argumenten auseinander zu setzen. Dies ergibt sich aus § 74 BetrVG, wonach Arbeitgeber und Betriebsrat über strittige Fragen mit dem ernsten Willen zur Einigung verhandeln müssen. Das allgemeine Informationsrecht, dass der Arbeitgeber dem Betriebsrat also alle Informationen zur Verfügung stellen muss, die dieser zur Erfüllung seiner Aufgaben braucht, steht in § 80 Abs. 2 BetrVG.

Festzustellen, dass diese Rechte existieren, ist der einfachere Teil der Übung. Damit kann man immerhin die Frage „Wo steht das" beantworten. Für die Praxis des Betriebsrats und sein Durchsetzungsvermögen wichtiger ist jedoch das Wissen darum, was passiert, wenn der Arbeitgeber seinen Verpflichtungen nicht nachkommt. Die Antwort auf die Frage ist nicht unbedingt ermutigend: Nichts passiert!

„Stumpfes Schwert"

Zwar kann der Betriebsrat seinen Anspruch auf Unterrichtung zur Not auch gerichtlich durchsetzen. Ignoriert der Arbeitgeber dies aber, so riskiert er allenfalls ein Buß- oder Zwangsgeld, nicht aber die Unwirksamkeit des von ihm geplanten Vorhabens. Nur dies jedoch würde hinreichend Druck bedeuten, den Verpflichtungen nachzukommen.

Will der Arbeitgeber also zum Beispiel eine Produktionshalle umbauen, so ist er zwar gem. § 90 BetrVG verpflichtet, hierüber den Betriebsrat zu unterrichten und mit ihm darüber zu beraten. Unterlässt er dies jedoch, hat das keine Auswirkungen auf seine Berechtigung, das Vorhaben durchzuführen.

Es mag enttäuschend sein, dass der Arbeitgeber für Verstöße gegen die Informationsverpflichtung nicht mit Untätigkeit büßen muss. Dennoch sollten die Informationsrechte des Betriebsrats nicht gering geachtet, sondern konsequent eingefordert werden. Ohne ausreichende Information ist eine sachgerechte Interessenvertretung nicht möglich. Und schließlich: Nicht jedem Arbeitgeber ist es egal, wenn gegen ihn ein Bußgeldverfahren eingeleitet wird.

Informationen sind notwendig

Merke: Die Unterrichtung durch den Arbeitgeber muss umfassend und rechtzeitig sein, also so früh, dass der Betriebsrat noch auf die Entscheidung Einfluss nehmen kann, und alle Informationen enthalten, die er benötigt, um seine Aufgaben wahrnehmen zu können. (DKKW-Buschmann, § 80 Rn. 97) Was das im Einzelfall ist, bestimmt der Betriebsrat am Besten selbst durch entsprechende Fragen. Im Bereich des Arbeitsschutzes erleichtert das Gesetz dem Betriebsrat diese Arbeit ein wenig, indem es aufzählt, über welche Sachverhalte der Betriebsrat zu informieren ist. Das ist die Neugestaltung von Räumen und Anlagen, von Arbeitsverfahren und Arbeitsplätzen. In § 90 Abs. 2 BetrVG findet sich noch einmal ausdrücklich die oben wiedergegebene Definition dessen, was rechtzeitig und umfassend ist:

„Der Arbeitgeber hat mit dem Betriebsrat die vorgesehenen Maßnahmen und ihre Auswirkungen auf die Arbeitnehmer, insbesondere auf die Art ihrer Arbeit sowie die sich daraus ergebenden Anforderungen an die Arbeitnehmer so rechtzeitig zu beraten, dass Vorschläge und Bedenken des Betriebsrats bei der Planung berücksichtigt werden können."

Was im Einzelnen dazu mitgeteilt werden muss, steht dort allerdings nicht. Auch hier bleibt der Betriebsrat also seines Glückes Schmied, er sollte seinen Informationsbedarf benennen. Der Anspruch auf Unterrichtung besteht auch dann, wenn er durch die Angaben erst in die Lage versetzt werden will, zu beurteilen, ob er im Einzelfall überhaupt ein Mitbestimmungsrecht hat.

1.2 Anhörungsrecht

Eine Stufe über den Informations- und Beratungsrechten steht das Anhörungsrecht des Betriebsrats. Dieses findet sich nur in § 102 BetrVG, der die Beteiligung des Betriebsrats bei der Kündigung einzelner Beschäftigter behandelt. In diesem Fall ist der Arbeitgeber verpflichtet, den Betriebsrat vorher zu seinen Ansichten zu hören.

Folgen einer fehlenden Anhörung

Welche Folgen es hat, wenn er sich hieran nicht hält, sagt § 102 Abs. 1 BetrVG mit erfreulicher Deutlichkeit:

„Eine ohne Anhörung des Betriebsrats ausgesprochene Kündigung ist unwirksam."

Damit besteht hier ein wesentlicher Unterschied zur Pflicht des Arbeitgebers zur Unterrichtung und Beratung in anderen Fällen: die Wirksamkeit seines Vorhabens, nämlich der Kündigung, ist davon abhängig, ob er sich vorher so verhalten hat, wie das Betriebsverfassungsgesetz es vorsieht.

Allerdings stimmt dies aus Sicht des Betriebsrats wiederum eigentlich nur zum Teil. Die Unwirksamkeit einer Kündigung, die ohne Anhörung ausgesprochen wurde, kümmert nämlich keinen Menschen, wenn nicht der Gekündigte zum Arbeitsgericht geht und dort gegen seine Kündigung klagt. Der Betriebsrat ist hier aus dem Spiel! Er hat keine Möglichkeit, die Unwirksamkeit der Kündigung selbst gerichtlich feststellen zu lassen und so dafür zu sorgen, dass der Betroffene wieder in den Betrieb zurückkehrt.

Folgen eines ordnungsgemäßen Widerspruchs

Der Betriebsrat hat bei Kündigungsanhörungen laut Gesetz ein Widerspruchsrecht oder er kann Bedenken äußern. Beides ist ausgesprochen formalisiert und mit kurzen Fristen versehen, was einen erheblichen Handlungsdruck auslöst. Dies ist jedoch völlig unangemessen, weil es ziemlich egal ist, was der Betriebsrat macht: Der Arbeitgeber wird dadurch nicht gehindert, eine Kündigung auszusprechen. Der ordnungsgemäße Widerspruch führt lediglich zu einem Anspruch auf Weiterbeschäftigung während des Kündigungsschutzprozesses – den aber in der Realität selten jemand in Anspruch nimmt. (Zu den Einzelheiten vgl. Hinrichs, Anhörung des Betriebsrats bei Kündigungen – Handlungshilfe für Betriebsräte zu § 102 BetrVG; Reihe AiB-Stichwort.)

> **Merke:** Ein Fehler im Anhörungsverfahren nützt den gekündig-
> ten Arbeitnehmer, weil er die Kündigung angreifbar macht. Der
> Betriebsrat hat also keinen Grund, den Arbeitgeber dazu zu bewe-
> gen, solche Fehler – etwa durch weitere Unterrichtung – abzustel-
> len. Besser ist es, dem Betroffenen einen entsprechenden Hinweis
> zu geben.

1.3   Zustimmungsverweigerungsrechte

Auf der Leiter der Mitbestimmungsrechte klettern wir eine Sprosse
höher und landen beim Zustimmungsverweigerungsrecht. Dies hört
sich zunächst einmal merkwürdig an. Was soll besonderes daran sein,
das Recht zu haben, die Zustimmung zu irgendetwas zu verweigern.
Wer gefragt wird, sollte doch immer „Nein" sagen dürfen.

So ist es selbstverständlich auch im Falle der Zustimmungsverweigerungsrechte, von denen im Betriebsverfassungsgesetz in § 99 die
Rede ist. Die Vorschrift behandelt Vorgänge wie Einstellungen oder
Versetzungen. In diesen Fällen muss der Arbeitgeber, bevor er eine
solche Maßnahme ergreift, die Zustimmung des Betriebsrats einholen.
Hier ändert sich also das bisherige Mitbestimmungsverfahren dahingehend, dass nicht mehr nur in eine Richtung informiert wird, sondern
die Art der Reaktion des Betriebsrats Einfluss auf das Verhalten des
Arbeitgebers hat.

Zustimmung ist Wirksamkeits-voraussetzung

Bei den Zustimmungsverweigerungsrechten braucht der Arbeitgeber die – positive – Resonanz des Betriebsrats auf sein Anliegen.
Bekommt er die Zustimmung nicht, darf er nicht einfach tätig werden,
sondern muss zum Arbeitsgericht gehen und sie sich ersetzen lassen.
So steht es in § 99 Abs. 4 BetrVG.

Allerdings macht das Gesetz hier einen kleinen Kunstgriff: Schweigt
der Betriebsrat oder hält er sich nicht an die Formalien, die § 99
BetrVG für eine Zustimmungsverweigerung verlangt (Begründung,
Schriftform und Wochenfrist), dann gilt die Zustimmung als erteilt und
der Arbeitgeber darf tätig werden.

Ein weiterer wesentlicher Unterschied zum bloßen Anhörungsrecht
besteht darin, dass nicht nur die einzelnen Betroffenen, die „Opfer"
einer mitbestimmungswidrig durchgeführten Maßnahme wurden, sich
hiergegen zur Wehr setzen können. Auch der Betriebsrat selbst hat
das Recht, den Arbeitgeber zu verklagen und durch das Gericht zu
der Rücknahme solcher Maßnahmen zwingen zu lassen. Dieses Verfahren ist in § 101 BetrVG beschrieben.

In Kleinbetrieben mit weniger als 20 Arbeitnehmern gilt § 99 BetrVG nicht, der Arbeitgeber muss also einen einköpfigen Betriebsrat nicht bei den Maßnahmen „Einstellung", „Versetzung", „Eingruppierung" und „Umgruppierung" beteiligen.

> **Merke:** Der Betriebsrat muss bei seiner Zustimmungsverweigerung formale Anforderungen erfüllen: Die Verweigerung muss schriftlich innerhalb einer Woche erfolgen und einen der in § 99 Abs. 2 BetrVG genannten Gründe anführen. Werden diese Bedingungen nicht erfüllt, bestimmt das Gesetz, dass die Zustimmung als erteilt gilt.

1.4 Erzwingbare Mitbestimmung

Damit sind wir auf der höchsten Stufe, der Königsdisziplin der Mitwirkungsrechte angelangt: Die erzwingbare Mitbestimmung. Die in der Praxis wichtigste Vorschrift im Betriebsverfassungsgesetz hierfür ist der § 87. Darin werden betriebliche Vorgänge wie etwa Arbeitszeitgestaltung und Urlaubsplanung behandelt. Daneben stehen noch die §§ 95 Abs. 1, 97 Abs. 2 und 98 BetrVG mit vergleichbar weitreichenden Mitbestimmungsrechten bei der betrieblichen Berufsbildung und die Durchsetzung von Sozialplänen gem. § 112 BetrVG bei Betriebsänderungen.

Auch hier benötigt der Arbeitgeber, der entsprechende Initiativen ergreifen will, die vorherige Zustimmung des Betriebsrats zu seinen Vorhaben. Hat er diese Zustimmung nicht, darf er nicht tätig werden. Das Verhalten des Betriebsrats ist in diesen Fällen aber nicht an Formalien gebunden, sein Schweigen ist hier keine Zustimmung.

Betriebsrat kann die Initiative ergreifen

Im Unterschied zum Zustimmungsverweigerungsrecht bei Einstellungen etc., kann in Angelegenheiten die der erzwingbaren Mitbestimmung unterliegen nicht nur der Arbeitgeber mit seinen Überlegungen auf den Betriebsrat zugehen und zur Behandlung des Themas zwingen. Auch der Betriebsrat kann die Initiative ergreifen. Deshalb spricht man in diesem Bereich auch von Initiativrechten.

Will etwa der Betriebsrat, dass in einer Abteilung im Betrieb gleitende Arbeitszeit eingeführt wird und wird er sich mit dem Arbeitgeber hierüber nicht einig, so kann er über ein spezielles Verfahren erzwingen, dass eine andere Instanz – die Einigungsstelle – eingeschaltet wird. Die kann mit verbindlicher Wirkung für den Arbeitgeber und damit den Betrieb entscheiden, ob das Vorhaben des Betriebsrats umgesetzt werden soll. Hier ist also eine Umgestaltung des Betriebes auch gegen den Willen des Arbeitgebers möglich. Aber Vorsicht: Das geht nur in den vom Gesetz ausdrücklich genannten Fällen.

Sofern der Arbeitgeber Maßnahmen in Angelegenheiten ergreift, die der erzwingbaren Mitbestimmung unterliegen, ohne vorher die Zustimmung des Betriebsrats einzuholen, ist dieser wie im Falle des Zustimmungsverweigerungsrechts befugt, selbst arbeitsgerichtlich dagegen vorzugehen.

Das Spiel mit der Einigungsstelle funktioniert auch in umgekehrter Richtung: Will der Arbeitgeber die Gleitzeit, der Betriebsrat aber nicht, muss ebenfalls die Einigungsstelle entscheiden. Das Ergebnis eines solchen Verfahrens ist praktisch immer offen, die Einigungsstelle wird also nicht unbedingt eine den Wünschen des Betriebsrats oder des Arbeitgebers entsprechende Entscheidung fällen. Erzwingbar ist nur das Mitbestimmungsverfahren, nicht ein bestimmtes Ergebnis.

Merke: Erzwingbare Mitbestimmung bedeutet, dass Betriebsrat und Arbeitgeber die mitbestimmungspflichtige Angelegenheit gemeinsam regeln müssen. Will der Arbeitgeber eine solche Maßnahme durchführen, muss er sich mit dem Betriebsrat hierüber einigen. Es bedarf der ausdrücklichen Vereinbarung zwischen Betriebsrat und Arbeitgeber oder der Entscheidung durch die Einigungsstelle. Deshalb ist eine vom Arbeitgeber einseitig durchgeführte mitbestimmungspflichtige Maßnahme rechtswidrig und damit unwirksam. Der Arbeitnehmer muss einer Anordnung, bei der diese Mitbestimmung missachtet wurde, nicht Folge leisten. Die Zustimmung des Betriebsrats ist Wirksamkeitsvoraussetzung (BAG v. 22.6.2010 – 1 AZR 853/08). Allerdings sollten sich Beschäftigte, die sich darauf berufen und etwa die Befolgung einer mitbestimmungswidrigen Weisung verweigern wollen, vorher sehr genau informieren, ob die Rechtslage hinreichend klar ist. Besser und sicherer ist es allemal, wenn der Betriebsrat gerichtlich gegen solche mitbestimmungswidrigen Maßnahmen des Arbeitgebers vorgeht.

Die vier Mitbestimmungsstufen und ihre unterschiedliche Reichweite sind in Anhang 1 in einer Übersicht dargestellt.

2. Die unterschiedlichen Maßnahmen

Die auf die beschriebene Weise abgestuften Mitbestimmungsrechte können gleichermaßen wohlsortiert bestimmten Gruppen von betrieblichen Maßnahmen zugeordnet werden, die der Mitbestimmung unterliegen. Das Verhältnis zueinander lässt sich anhand eines Diagramms darstellen, wobei die abgestuften Mitbestimmungsrechte die vertikale und die Angelegenheiten, die diesen zugeordnet sind, die horizontale Achse bilden. (In Anhang 2 dieses Bandes befindet sich dieses Diagramm mit dem Titel „Die Mitbestimmungskurve".)

Die in dem Diagramm verwendeten Begriffe für die einzelnen Angelegenheiten sind Folgende:

1. wirtschaftliche Angelegenheiten
2. personelle Angelegenheiten
3. soziale Angelegenheiten

Dabei handelt es sich um die vom BetrVG verwendete Unterteilung der Maßnahmen, die der Mitbestimmung unterliegen. Es kommt noch ein weiterer Teil mit den Mitwirkungsmöglichkeiten beim Arbeits- und Gesundheitsschutz hinzu. Dieser findet sich in den §§ 90 und 91 BetrVG und enthält eine Mischung aller Mitbestimmungstypen. Wer das Inhaltsverzeichnis des BetrVG aufschlägt, begegnet diesen Komplexen als Überschriften des dritten, fünften und sechsten Abschnitts im vierten Teil wieder.

Abgestuftes Beteiligungsrecht

Diese Unterteilung ist keineswegs zwingend. Denkbar wäre auch gewesen, eine Sortierung nach Themen wie etwa „Arbeitsschutz" oder „Berufsbilder" vorzunehmen. Dies macht das Betriebsverfassungsgesetz jedoch nicht, sondern geht von den drei genannten Oberbegriffen aus. Von Interesse ist diese Unterscheidung deshalb, weil der Betriebsrat bei den sich dahinter verbergenden Vorgängen unterschiedlich weit reichende Mitwirkungsrechte hat. Diese gehen bei den sozialen Angelegenheiten am weitesten und sind bei den wirtschaftlichen Angelegenheiten am schwächsten ausgebildet. Daraus darf allerdings nicht der Schluss gezogen werden, dass dort, wo wirtschaftliche Angelegenheiten betroffen sind, die erzwingbaren Mitbestimmungsrechte immer zurücktreten müssen. Es kommt immer darauf an, ob die Maßnahme gleichzeitig auch eine Angelegenheit betrifft, die diesem stärkeren Mitbestimmungstyp zugeordnet ist. Dann muss das stärkere Mitbestimmungsrecht auch eingehalten werden.

> **Merke:** Das Zusammenspiel der unterschiedlichen Beteiligungsbereiche zu erkennen, ist die eigentliche hohe Kunst der rechtlichen Seite der Betriebsratstätigkeit. Jeder Vorgang muss daraufhin überprüft werden, ob die stärksten Beteiligungsrechte eingreifen können.

Welche betrieblichen Vorgänge verbergen sich konkret unter den drei Oberbegriffen? Zur Beantwortung können wir auf die Beispiele zurückgreifen, die im Betriebsverfassungsgesetz selbst genannt sind.

2.1 Wirtschaftliche Angelegenheiten

Wirtschaftliche Angelegenheiten sind die wirtschaftliche Lage des Unternehmens selber, die Planungen des Arbeitgebers zur weiteren Entwicklung des Unternehmens und die Umsetzung solcher Planungen in Form erheblicher Veränderungen auf betrieblicher Ebene. § 106 Abs. 3 BetrVG, der die Einrichtung eines Wirtschaftsausschusses behandelt, nennt beispielhaft als wirtschaftliche Angelegenheiten:

Beispiele

● die wirtschaftliche und finanzielle Lage des Unternehmens,
● die Produktions- und Absatzlage,
● das Produktions- und Investitionsprogramm,
● Rationalisierungsvorhaben,

- Fabrikations- und Arbeitsmethoden, insbesondere die Einführung neuer Arbeitsmethoden,
- die Einschränkung oder Stilllegung von Betrieben oder von Betriebsteilen,
- die Verlegung von Betrieben oder Betriebsteilen,
- der Zusammenschluss oder die Spaltung von Unternehmen oder Betrieben,
- die Änderung der Betriebsorganisation oder des Betriebszwecks,
- die Übernahme eines Unternehmens, wenn hiermit der Erwerb der Kontrolle verbunden ist,
- sonstige Vorgänge und Vorhaben, welche die Interessen der Arbeitnehmer des Unternehmens wesentlich berühren können.

Insbesondere in der letzten Formulierung zeigt sich, dass der Begriff der wirtschaftlichen Angelegenheiten ausgesprochen weit zu fassen ist.

Wie schon erwähnt, bestehen bei wirtschaftlichen Angelegenheiten die geringsten Beteiligungsrechte. Häufig flüchten sich deshalb Arbeitgeber in das Argument, eine Angelegenheit sei lediglich wirtschaftlicher Natur und unterliege deshalb nicht der Mitbestimmung. Ob das wirklich so ist, entscheidet jedoch nicht der Arbeitgeber. Der Betriebsrat muss dies selbst beurteilen und entsprechend sein Verhalten nach seiner eigenen Position ausrichten. Wenn er etwa sieht, dass die Einrichtung von Gruppenarbeitsplätzen mehr als nur eine Entscheidung über die Betriebsorganisation ist, sondern Fragen des Arbeitsschutzes berührt, bei denen er sehr viel weitergehende Mitbestimmungsrechte hat, muss er entscheiden, ob er sich mit der Unterrichtung zufrieden gibt, oder ob er seine Rechte ausüben will. Die Einrichtung der Gruppenarbeit als solche unterliegt nicht der Mitbestimmung, sondern nur deren Ausgestaltung. Daher muss der Betriebsrat hier diesen Umweg machen, wenn er Einfluss nehmen will. Mit seiner Einschätzung, dass unter diesem Gesichtspunkt ein Mitbestimmungsrecht besteht, muss der Betriebsrat nicht richtig liegen; er sollte sich aber niemals auf die Rechtsansichten des Arbeitgebers zum Bestehen oder Nichtbestehen von Mitbestimmungsrechten verlassen. Der hat naturgemäß ein anderes Interesse, das ihn bei solchen Einschätzungen leitet.

> Häufig anzutreffendes Arbeitgeberverhalten

2.2 Personelle Angelegenheiten

Personelle Angelegenheiten sind zunächst einmal diejenigen, die die Beschäftigten individuell treffen. Gemeint sind damit folgende Vorgänge:

> Individualbezug der Maßnahmen

- Einstellung
- Entlassung
- Versetzung
- Eingruppierung oder Umgruppierung
- Kündigung

einzelner Arbeitnehmer.

Weil immer einzelne Personen betroffen sind, handelt es sich auch in der Sprache des Betriebsverfassungsgesetzes um personelle Einzelmaßnahmen. Sie sind geregelt in den §§ 99–105 BetrVG.

Daneben gibt es noch personelle Maßnahmen, die eher im Bereich der Planung angesiedelt und damit auch mehr den wirtschaftlichen Angelegenheiten zuzuordnen sind. Hierzu zählt vor allem die Personalplanung selbst. Darunter sind diejenigen Überlegungen zu verstehen, die darauf abzielen, festzustellen, welcher personelle Bedarf in Zukunft bestehen wird und wie dieser zu decken ist. Das Mitbestimmungsrecht hierzu findet sich in § 92 BetrVG.

Dazwischen steht der Bereich der betrieblichen Berufsausbildung und Berufsbildung. Hier sind sowohl einzelne Beschäftigte betroffen als auch ganze Gruppen, wenn es etwa um betriebliche Weiterbildungsprogramme geht. Diese Rechte sind in den §§ 96–98 BetrVG geregelt.

Bei den personellen Angelegenheiten sind die Mitbestimmungsrechte in den meisten Fällen auf Anhörungs- und Zustimmungsverweigerungsrechte beschränkt. Teilweise – etwa bei der Personalplanung gem. § 92 BetrVG – existieren auch nur Beratungsrechte. Weitergehend ist nur der Bereich der betrieblichen Berufsbildung. Hier bestehen sogar erzwingbare Mitbestimmungsrechte, wenn die betriebliche Entwicklung eine Qualifizierung der Beschäftigten erforderlich macht. Dann kann der Betriebsrat gem. § 97 Abs. 2 BetrVG die Durchführung von Berufsbildungsmaßnahmen auch gegen den Willen des Arbeitgebers durchsetzen. Andernfalls hängt sein Mitbestimmungsrecht gem. § 98 BetrVG in dieser Frage davon ab, dass der Arbeitgeber selbst tätig wird und berufliche Bildung initiiert.

2.3 Soziale Angelegenheiten

Der Kernbereich der Tätigkeit des Betriebsrats sind die sozialen Angelegenheiten. Diese zeichnen sich vor allem dadurch aus, dass sie die Betriebsorganisation betreffen und einen kollektiven Bezug haben. Eine Ausnahme hiervon bildet die Festlegung des Urlaubs, bei der der Betriebsrat auch dabei helfen kann, individuelle Anliegen einzelner Arbeitnehmer durchzusetzen.

Die sozialen Angelegenheiten sind in § 87 BetrVG aufgezählt:

Mitbestimmungskatalog

Nr. 1.:   Fragen der Ordnung des Betriebs und des Verhaltens der Arbeitnehmer im Betrieb;

Nr. 2.:   Beginn und Ende der täglichen Arbeitszeit einschließlich der Pausen sowie Verteilung der Arbeitszeit auf die einzelnen Wochentage;

Nr. 3.:   vorübergehende Verkürzung oder Verlängerung der betriebsüblichen Arbeitszeit;

Nr. 4.:   Zeit, Ort und Art der Auszahlung der Arbeitsentgelte;

Nr. 5.:   Aufstellung allgemeiner Urlaubsgrundsätze und des Urlaubsplans sowie die Festsetzung der zeitlichen Lage des Urlaubs
für einzelne Arbeitnehmer, wenn zwischen dem Arbeitgeber
und den beteiligten Arbeitnehmern kein Einverständnis erzielt
wird;

Nr. 6.:   Einführung und Anwendung von technischen Einrichtungen,
die dazu bestimmt sind, das Verhalten oder die Leistung der
Arbeitnehmer zu überwachen;

Nr. 7.:   Regelungen über die Verhütung von Arbeitsunfällen und
Berufskrankheiten sowie über den Gesundheitsschutz im
Rahmen der gesetzlichen Vorschriften oder der Unfallverhü-
tungsvorschriften;

Nr. 8.:   Form, Ausgestaltung und Verwaltung von Sozialeinrichtungen, deren Wirkungsbereich auf den Betrieb, das Unternehmen oder den Konzern beschränkt ist;

Nr. 9.:   Zuweisung und Kündigung von Wohnräumen, die den Arbeitnehmern mit Rücksicht auf das Bestehen eines Arbeitsverhältnisses vermietet werden, sowie die allgemeine Festlegung der Nutzungsbedingungen;

Nr. 10.: Fragen der betrieblichen Lohngestaltung, insbesondere die
Aufstellung von Entlohnungsgrundsätzen und die Einführung
und Anwendung von neuen Entlohnungsmethoden sowie
deren Änderung;

Nr. 11.: Festsetzung der Akkord- und Prämiensätze und vergleichba-
rer leistungsbezogener Entgelte, einschließlich der Geldfaktoren;

Nr. 12.: Grundsätze über das betriebliche Vorschlagswesen;

Nr. 13.: Grundsätze zur Durchführung von Gruppenarbeit.

Hier befinden wir uns im Bereich der erzwingbaren Mitbestimmung.
Sind von einem Vorhaben des Arbeitgebers oder des Betriebsrats
zumindest auch soziale Angelegenheiten betroffen, besteht ein star-
kes Mitbestimmungsrecht.

3.   Das Zusammenspiel der „Beteiligungsrechte"

Immer zu beachten ist, dass einzelne Maßnahmen mehrere dieser Fel-
der berühren können. So ist etwa die Einführung von Zielvereinbarungen als Führungsinstrument ohne Zweifel eine wirtschaftliche Angelegenheit, über die der Betriebsrat unterrichtet werden muss.

Dies heißt jedoch nicht, dass seine Mitwirkungsmöglichkeiten darauf
beschränkt wären. Zwar ist in wirtschaftlichen Fragen in unserer Wirt-
schafts- und damit auch Rechtsordnung die unternehmerische Frei-

**Ratschlag für
die Praxis**

heit vorherrschend; es sind dem Betriebsrat deshalb lediglich geringe Rechte eingeräumt. Für ihn kommt es aber darauf an, zu ermitteln, ob im Einzelfall vielleicht auch Bezüge zu dem Bereich der sozialen Angelegenheiten zu erkennen sind und deshalb aus diesem Grund ein **stärkeres Mitbestimmungsrecht** besteht.

Bei Zielvereinbarungen ist dies der Fall: hiervon sind Fragen der betrieblichen Lohngestaltung, der Ordnung des Betriebs und häufig auch der Festlegung und der Verteilung der Arbeitszeit auf die Wochentage betroffen. Schon ist der Betriebsrat in dem komfortablen Bereich der sehr viel weiter gehenden Mitbestimmungsrechte des § 87 BetrVG gelandet und muss sich nicht damit abspeisen lassen, nur einige wenige, häufig auch zweifelhafte Informationen über die Planungen des Arbeitgebers zu erhalten.

III. Was das alles für die Betriebsratssitzung bringt

Und nun?

So groß die Freude über die wunderbare Ordnung im Betriebsverfassungsgesetz auch sein mag – leider folgt daraus noch nicht, was denn jetzt eigentlich getan werden soll. Noch stehen wir vor einem unüberschaubaren Berg von Themen auf unserer Betriebsratssitzung. Diese Unsicherheit ist nicht weiter verwunderlich: Schließlich ist der Betriebsrat eine Instanz, die die Interessen der Beschäftigten vertreten und nicht nur Gesetze vollziehen soll. Damit unterscheidet sich seine Tätigkeit grundlegend von der einer Verwaltungsbehörde, deren Mitarbeiter im Grunde für alle Handlungen in ein Gesetz schauen müssen – oder sollten – aus dem sie entnehmen können, was im Einzelfall zu tun ist.

Der Betriebsrat hat demgegenüber eine politische Aufgabe, die es zunächst einmal erforderlich macht, sich Klarheit darüber zu verschaffen, was er denn eigentlich will. Erst wenn er seine Ziele formuliert hat, kann er in den Werkzeugkasten des Betriebsverfassungsgesetzes greifen, um das geeignete Instrument herauszuholen, das ihm bei der Umsetzung seines Anliegens hilfreich sein wird.

Geeignetes Instrument ist entscheidend

Schauen wir uns also erneut an, was auf der Betriebsratssitzung Thema war. Es ging um

1. die Einstellung zweier neuer Monteure,
2. Mehrarbeit an der neuen Stanze,
3. „Personelles" mit unbekanntem Inhalt,
4. die Kündigung des Anzeigenverkäufers,
5. den Umbau der Verwaltungsräume mit der Einrichtung von Gruppenarbeitsplätzen,
6. die schwerbehinderte Kollegin, die Kleinteile verpacken musste und
7. ein Tor, das nicht mehr richtig schließt.

Die Einstellung der beiden Monteure dürfte zu begeisterter Zustimmung bei den Vertretern der Beschäftigten führen. Allerdings ist auch hier Vorsicht angezeigt:

Ob die Monteure derzeit wirklich gebraucht werden oder ob hier vielleicht ein Verdrängungswettbewerb ausgelöst wird, weil nicht genügend Arbeitsplätze zur Verfügung stehen, wäre zu klären. Dann nämlich besteht auf kurze Sicht eine Gefahr für die Arbeitsverhältnisse derjenigen, die jetzt im Betrieb tätig sind.

Auch ist zu ermitteln, zu welchen Bedingungen die Einstellung erfolgt. Soll der Tarifvertrag eingehalten oder unterschritten werden? Ist die vom Arbeitgeber vorgesehene Vergütungsgruppe richtig? Dies ist nicht nur für die einzustellenden Kollegen von Bedeutung, sondern auch für diejenigen, die bereits im Betrieb tätig sind. Die Einstellung nicht tarifgebundener Arbeitnehmer und die Vereinbarung untertariflicher Bedingungen bedeutet eine langsame Absenkung des Niveaus, die über kurz oder lang die jetzt schon Beschäftigten treffen wird.

Zusätzliche Informationen sind erforderlich

Es ist daher keineswegs so, dass der Betriebsrat mit der bloßen Information, dass zwei Monteure eingestellt werden sollen, etwas anfangen kann. Vielmehr sind weitere Angaben zum Inhalt des Arbeitsverhältnisses, zur Eingruppierung und zur Aufgabenstellung erforderlich. Diese beziehen sich natürlich auch auf die persönlichen Verhältnisse der Kollegen, also auf Alter, Familienstand usw.

Der Betriebsrat braucht also zusätzliche Informationen zu diesem Thema, andernfalls wird er den Antrag des Arbeitgebers auf Zustimmung zu den Einstellungen nicht sachgerecht bearbeiten können. Solange er diese Informationen nicht hat, muss er von Rechts wegen nichts machen, denn sein Schweigen wird vom Gesetz nur dann als Zustimmung gewertet, wenn alle Informationen vorliegen. Der Arbeitgeber darf daher die Einstellung auch nicht vornehmen. Besser ist es aber, ausdrücklich darauf hinzuweisen, dass noch Angaben fehlen. Schließlich wollen die Monteure auch wissen, ob sie eingestellt werden oder nicht.

Der nächste Punkt war die Mehrarbeit an der neuen Stanze. Jeder kennt das Problem mit diesen Überstunden. Eigentlich will der Betriebsrat sie verhindern, weil damit Arbeitsplätze vernichtet werden. Auf der anderen Seite aber haben viele Kollegen, ihren Lebensstandard auf diesen Zusatzverdienst eingestellt. Was hier am Schluss erreicht werden soll, muss erst einmal intensiv diskutiert werden. Allerdings dürfte klar sein, dass die Überstunden an der neuen Maschine nicht zur Dauereinrichtung werden können.

Zustimmungsverweigerung

Wenn es also so ist, dass diese mit permanenter Unterbesetzung gefahren wird, dann muss entsprechendes Personal eingestellt werden. Überstunden können allenfalls vorübergehend zur Überbrückung einer schwierigen Situation akzeptiert werden. Eine voreilige Zustimmung zu den Überstunden würde allenfalls dazu führen, dass von dem Arbeitgeber der Druck genommen würde, Neueinstellungen vorzunehmen. Deshalb muss er zumindest erklären, warum es zu diesem Bedarf an der neuen Maschine kommt und wie lange er voraussichtlich noch besteht. Solange das nicht bekannt ist, bekommt der Arbeitgeber vom Betriebsrat auch keine Zustimmung.

Was auf der Tagesordnung als „Personelles" vermerkt war, hat sich in der Sitzung als die beabsichtigte Kündigung des Außendienstmitarbeiters herausgestellt. Zu diesem Fall ist den meisten im Betriebsrat sowieso alles bekannt. Was noch fehlt, sind Informationen darüber, wie es um die persönlichen Verhältnisse des Kollegen steht. Auch hier könnte der Betriebsrat also versucht sein, den Arbeitgeber zur Vorlage weiter gehender Informationen aufzufordern. Allerdings, wie sich im weiteren Verlauf der Überlegungen noch herausstellen wird, ist dies genau der falsche Schritt. Auch wenn der Kollege nicht sehr beliebt ist, dürfte sich doch auch im Betriebsrat die Ansicht durchsetzen, dass man ihn vor einer Kündigung, die auf den bloßen Verdacht eines Spesenbetruges aufgebaut ist, schützen muss.

Weiter ging es mit dem Umbau der Verwaltung und der Einrichtung von Gruppenarbeitsplätzen. Hier war der Arbeitgeber äußerst freigiebig mit seinen Informationen. Sogar die Baupläne hat er der Vorsitzenden gegeben. Damit gibt es eigentlich nichts mehr, was nachzufragen wäre. Lediglich ein Problem existiert: Keiner im Betriebsrat kann mit den Plänen etwas anfangen. Weder lässt sich für ungeübte Augen ohne weiteres erkennen, wie diese Arbeitsplätze aussehen werden, noch ist zu ermessen, ob hier alle Bestimmungen des Arbeitsschutzes eingehalten werden. Schon jetzt ist absehbar, dass mindestens zwei der neu geplanten Räume so konstruiert sein werden, dass sie keinerlei Tageslicht abbekommen. Dies wird der Betriebsrat auf jeden Fall verhindern wollen.

Günstig wäre es, sich darüber mit einem Experten zu unterhalten, etwa von der Berufsgenossenschaft oder entsprechend versierten Architekten.

Sachverständiger

Schließlich gab es noch das Problem der Schwerbehinderten, die auf einen neuen Arbeitsplatz geschoben wurde und dort im ständigen Luftzug arbeiten muss. Auch hier ist eigentlich alles, was der Betriebsrat wissen will, bekannt, um sein Anliegen zu verfolgen. Das besteht selbstverständlich darin, der Kollegin wieder den leichteren Arbeitsplatz in der Poststelle zu verschaffen. Unabhängig davon muss aber dafür gesorgt werden, dass das Tor repariert wird, damit sich auch andere dort nicht ständig eine Erkältung zuziehen.

Ein erster Überblick ergibt damit, dass wir zu mindestens zwei Themen, die auf der Betriebsratssitzung behandelt wurden, weitere Informationen benötigen. In einem Fall wäre eine Beratung durch einen unabhängigen Sachverständigen sinnvoll und schließlich muss in den letzten beiden Angelegenheiten sofort etwas passieren. De unabhängige Sachverständige kann auch zunächst jemand aus dem eigenen Betrieb sein, der in § 80 Abs. 2 Satz 3 BetrVG als   Auskunftsperson bezeichnet wird.

Wenn nun die Zielsetzungen des Betriebsrats in den Einzelfragen geklärt sind, können wir als nächstes eine grobe Zuordnung der Themen zu den einzelnen Mitbestimmungsrechten vornehmen, um auf diese Weise festzustellen, wie weit die Möglichkeiten des Betriebsrats reichen:

● Die Einstellung der Monteure ist eine personelle Einzelmaßnahme, für die der Arbeitgeber in jedem Fall die Zustimmung des Betriebsrats benötigt.

● Die Mehrarbeit an der neuen Stanze ist eine Frage der Arbeitszeitgestaltung und unterfällt damit der Mitbestimmung im sozialen Bereich. Auch hier kommt der Arbeitgeber nicht ohne Zustimmung des Betriebsrats weiter.

● Die geplante Entlassung des Außendienstmitarbeiters hingegen bedarf als Kündigung lediglich der Anhörung gem. § 102 BetrVG. Hier ist der Arbeitgeber in seinem weiteren Handeln nicht von der Zustimmung oder deren Verweigerung durch den Betriebsrat abhängig.

● Der Umbau der Verwaltung mit der Einrichtung von Gruppenarbeitsplätzen kann vielfältige Auswirkungen haben und damit auch mehrere Mitbestimmungsrechte berühren.

● Die Einrichtung von Gruppenarbeitsplätzen ist eine Veränderung der Arbeitsmethode und damit eine wirtschaftliche Angelegenheit. Hier sind Mitbestimmungsrechte des Betriebsrats nur schwach ausgestaltet. Wenn es an die Ausgestaltung der Gruppenarbeitsplätze geht, sind diese Rechte dagegen gem. § 87 Abs. 1 Nr. 13 BetrVG wieder stark. (Bei dem Vorgang kann es sich aber auch um eine Betriebsänderung handeln. Zu den Mitbestimmungsrechten in diesem Fall vgl. IG Metall-Handlungshilfe Nr. 11: „Beschäftigungssicherung, Interessenausgleich und Sozialplan".)

● Die Arbeitsplätze werden umgestaltet. Auch hierfür bestehen Informationsrechte nach § 90 BetrVG.

● Weitergehend ist das Mitbestimmungsrecht gem. § 87 Abs. 1 Nr. 13 BetrVG, das sich allerdings nur auf die Ausgestaltung der Gruppenarbeit bezieht, nicht auf die Frage, ob diese eingeführt wird.

● Ändern sich die Arbeitsinhalte, kann dies eine Umgruppierung nach sich ziehen. Dies geht gem. § 99 BetrVG nur mit Zustimmung des Betriebsrats.

● Unter Umständen muss ein neues Vergütungsgruppensystem geschaffen werden, was der erzwingbaren Mitbestimmung nach § 87 Abs. 1 Nr. 10 BetrVG unterliegt.

● Schließlich ist die Frage der Arbeitszeitgestaltung in dieser Gruppe zu regeln, weshalb auch unter diesem Gesichtspunkt § 87 Abs. 1 Nr. 2 BetrVG ein erzwingbares Mitbestimmungsrecht bietet.

Die Einrichtung der Gruppenarbeitsplätze ist also eine Maßnahme, die zunächst nur zu den wirtschaftlichen Angelegenheiten zu gehören scheint, tatsächlich aber einen ganzen Sack von weiteren Mit-

bestimmungsrechten berührt. Der Betriebsrat wäre schlecht beraten, würde er sich hier nicht mit ganzer Kraft für eine komplexe
Lösung einsetzen.

- Die Zuweisung des anderen Arbeitsplatzes an die schwerbehinderte Kollegin ist eine Versetzung, für die der Arbeitgeber wiederum die Zustimmung des Betriebsrats gem. § 99 BetrVG benötigt.
Allerdings ist die Situation hier anders als bei der Einstellung der
Monteure: Die steht erst bevor, die Versetzung dagegen ist schon
erfolgt. Welchen Einfluss das auf das Vorgehen des Betriebsrats
hat, wird sich weiter unten zeigen.
- Letztlich soll noch das Problem des beständigen Luftzugs gelöst
werden. Dabei handelt es sich um ein Thema aus der Kategorie
„Arbeits- und Gesundheitsschutz", weshalb sowohl ein erzwingbares Mitbestimmungsrecht gem. § 87 Abs. 1 Nr. 7 BetrVG als auch
eine Beteiligung gem. § 89 BetrVG in Betracht zu ziehen ist – Letz-
tere allerdings bietet wenig Durchsetzungsmöglichkeiten.

IV. Die Beteiligung

Schauen wir uns nun an, wie die einzelnen Mitbestimmungsrechte in der Praxis funktionieren.

1.   Der Informationsanspruch

Die grundlegende Vorschrift, wonach der Betriebsrat einen Anspruch auf Unterrichtung gegenüber dem Arbeitgeber hat, findet sich in § 80 Abs. 2 BetrVG. Dort heißt es:

„Zur Durchführung seiner Aufgaben nach diesem Gesetz ist der Betriebsrat rechtzeitig und umfassend vom Arbeitgeber zu unterrichten. Ihm sind auf Verlangen jederzeit die zur Durchführung seiner Aufgaben erforderlichen Unterlagen zur Verfügung zu stellen;..."

Grenzenloses Unterrichtungs- recht

Dieses Unterrichtungsrecht ist fast grenzenlos und nach der Rechtsprechung des Bundesarbeitsgerichts nur dann eingeschränkt, wenn das Verlangen des Betriebsrats rechtsmissbräuchlich ist, also erkennbar nicht wirklich dem Ziel dient, eine ausreichende Informationsbasis zu bekommen (BAG v. 11.7.1972 – 1 ABR 2/72, AiB 94, 625).

Der Informationsanspruch bezieht sich auf jeden Vorgang, der die Aufgabenstellung des Betriebsrats berührt, gleich ob die Initiative von ihm selbst oder vom Arbeitgeber ausgeht. Die Aufzählung der allgemeinen Aufgaben in § 80 Abs. 1 BetrVG zeigt, dass der Bogen der Angelegenheiten weit gespannt ist, die den Betriebsrat kraft Gesetzes etwas angehen:

- die Überwachung, dass alle zugunsten der Beschäftigten geltenden Vorschriften eingehalten werden;
- die Beantragung von Maßnahmen, die Betrieb oder Belegschaft dienen;
- die Förderung der tatsächlichen Gleichstellung von Frauen und Männern;
- die Förderung der Vereinbarkeit von Familie und Erwerbstätigkeit;
- die Förderung der Eingliederung Schwerbehinderter und anderer schutzbedürftiger Personen;
- die Förderung der Beschäftigung älterer Arbeitnehmer;
- die Förderung der Integration ausländischer Beschäftigter;
- die Bekämpfung von Fremdenfeindlichkeit und Rassismus im Betrieb
- die Förderung der Beschäftigung im Betrieb;
- die Förderung von Arbeits- und betrieblichem Umweltschutz.

Außerdem besteht noch eine Verpflichtung zur Zusammenarbeit mit der Jugend- und Auszubildendenvertretung.

Daraus ergibt sich bereits, dass der Betriebsrat in all diesen Bereichen die Initiative ergreifen kann und damit unmittelbar den Informationsanspruch zu den entsprechenden Angelegenheiten gegen den Arbeitgeber auslöst. (Initiative heißt in diesem Fall aber nicht, dass er sein Anliegen auch durchsetzen kann! Manchmal beschränkt sie sich darauf, gute Vorschläge zu machen.)

Sobald der Betriebsrat in diesen Bereichen tätig werden will oder soll, kann er vom Arbeitgeber alle Informationen einfordern, die er braucht, um die Aufgabe sachgerecht zu erledigen.

Um über die beabsichtigte Einstellung der beiden Monteure weitere Informationen zu bekommen, benötigen wir eine Vorschrift im BetrVG, die dem Betriebsrat hierbei eine Aufgabe zuweist. Die haben wir ja bereits aufgespürt: § 99 BetrVG legt fest, dass der Arbeitgeber vor jeder Einstellung die Zustimmung des Betriebsrats einholen muss. Damit ist er im Umkehrschluss auch berechtigt, die oben als erforderlich erkannten Informationen einzufordern. Das wird in § 99 Abs. 1 BetrVG noch einmal deutlich betont.

Zurück zum Beispielsfall

Dasselbe gilt für die Mehrarbeit an der neuen Stanze. Hierbei handelt es sich um eine Arbeitszeitregelung, bei der gem. § 87 Abs. 1 Nr. 3 BetrVG ein Mitbestimmungsrecht und damit das Informationsrecht besteht.

Auch bei der Kündigung des Außendienstmitarbeiters ist der Betriebsrat im Boot. § 102 BetrVG bestimmt, dass jede Kündigung der vorherigen Anhörung des Betriebsrats bedarf. Hier gibt es also gleichfalls den entsprechenden Informationsanspruch.

Was den Umbau der Verwaltung anbelangt, kann sich der Betriebsrat für sein Verlangen nach einer sachverständigen Beratung auf § 80 Abs. 3 BetrVG berufen. Im selben Umfang wie Informationsrechte bestehen, hat er danach das Recht, bei der Durchführung seiner Aufgaben nach näherer Vereinbarung mit dem Arbeitgeber „Sachverständige" hinzuzuziehen. Wichtig ist allerdings, dass diese Beauftragung von Sachverständigen vorher mit dem Arbeitgeber vereinbart wird, weil der andernfalls nicht dazu verpflichtet ist, die Kosten – die im Einzelfall erheblich sein können – zu erstatten. Immerhin aber liegt hier der Ansatzpunkt, um sich externe Unterstützung in solchen schwierigen Sachverhalten zu organisieren. Dazu muss der Betriebsrat aber bei der Beschlussfassung und der Vereinbarung mit dem Arbeitgeber ordnungsgemäß vorgehen.

Da weder im Falle der schwerbehinderten Kollegin noch bei dem defekten Lagertor weiterer Informationsbedarf bestand, wollen wir uns diesen Angelegenheiten später zuwenden.

1.1 Die Realisierung des Informationsanspruchs

Dort, wo der Betriebsrat Informationsansprüche gegen den Arbeitgeber hat, geht es vor allem darum, diese präzise zu formulieren. Andernfalls besteht die Gefahr, dass der Arbeitgeber mit ausweichenden Antworten zwar formell seiner Verpflichtung zur Unterrichtung nachkommt, dem Betriebsrat hiermit aber nicht geholfen wird. Das soll am Beispiel der Mehrarbeit an der neuen Stanze kurz illustriert werden:

Die Frage an den Arbeitgeber danach, ob die neue Stanze nicht richtig funktioniert und deshalb die Überstunden erforderlich sind bzw. ob die Arbeitsplanung für diesen Bereich fehlerhaft ist, lässt sich mit einem einfachen „Ja" oder „Nein" beantworten. Danach weiß der Betriebsrat allerdings nicht sehr viel mehr als vorher. Wichtiger ist es, die konkreten Bedingungen abzufragen, unter denen die Maschine eingesetzt wird.

Fragen hierzu könnten also etwa lauten:

Beispielhafte Fragen an den Arbeitgeber

- Welche Überstunden sind in den vergangenen vier Wochen an der Stanze geleistet worden?
- Welche Umstände haben die Überstunden erforderlich gemacht?
- Welche Planungen existieren zum Personaleinsatz an der Stanze?
- Welche Abweichungen gibt es in der Praxis von diesen Planungen?
- Worin sind diese Abweichungen begründet?
- Welche Betriebsablaufstörungen an der Stanze sind in den vergangenen vier Wochen aufgetreten?
- Worin sind diese Störungen begründet?
- Welche Initiativen sind geplant, um die Störungen abzustellen oder ihren erneuten Eintritt zu verhindern?

> **Merke:** Dort, wo der Betriebsrat Informationsansprüche gegen den Arbeitgeber hat, geht es vor allem darum, seine Fragen präzise zu formulieren.

Die Liste der Fragestellungen lässt sich fast unendlich fortsetzen. Wichtig ist es, dem Arbeitgeber möglichst wenig Raum für Wertungen zu lassen, sondern konkrete Sachinformationen abzufragen, auf deren Grundlage sich der Betriebsrat selbst seine Meinung bilden kann.

Reagiert der Arbeitgeber hierauf nicht in der angemessenen Weise, nämlich durch Erteilung der verlangten Informationen, gibt es zwei denkbare Reaktionen: Entweder versucht der Betriebsrat, seinen Anspruch auf Information – im äußersten Fall gerichtlich – durchzusetzen, oder er kümmert sich nicht weiter um die Angelegenheit.

Die zweite Alternative ist für viele die erste Wahl. Manchmal kann sie sogar zum Ziel führen. Dies ist immer dann der Fall, wenn der Arbeitgeber derjenige ist, der die Mitwirkung des Betriebsrats benötigt, um seiner Maßnahme zur Wirksamkeit zu verhelfen. Hat der Betriebsrat kein eigenes Interesse daran, gibt es wenige Gründe, den Arbeitgeber dadurch zu seinem Glück zu zwingen, dass ihm die Informationen auch noch abgerungen werden. Wer nicht ordentlich informiert, bekommt eben keine Zustimmung. Allerdings sollte die Untätigkeit auch auf diese Fälle beschränkt werden.

Kommt dagegen der Betriebsrat ohne die Informationen vom Arbeitgeber nicht weiter, kann er zwei verschiedene Wege gehen, um sie sich zu beschaffen: Die Ausschöpfung der innerbetrieblichen Verhandlungsmöglichkeiten einerseits und die arbeitsgerichtliche Durchsetzung andererseits. Beides schließt einander nicht aus. Das Informationsrecht des Betriebsrats ist ein eigenständiger Anspruch, der arbeitsgerichtlich verfolgt werden kann. Insbesondere ist es nicht erforderlich, dass die Verweigerung der Information durch den Arbeitgeber ein grober Verstoß gegen seine Verpflichtungen aus dem Betriebsverfassungsgesetz ist, wie früher einmal argumentiert wurde (BAG v. 17.5.1983 – 1 ABR 21/80). Wenn also alle Stricke reißen, gibt es keine andere Möglichkeit, als mit Unterstützung von Anwälten oder Gewerkschaften ein arbeitsgerichtliches Verfahren gegen den Arbeitgeber einzuleiten und ihn so zu zwingen, die benötigten Informationen herauszugeben. Das kann auch sehr schnell gehen, denn zur Durchsetzung des Anspruchs ist auch der Erlass einer einstweiligen Verfügung möglich.

Erforderlich könnte ein solcher Weg bei den Themen unserer Betriebsratssitzung im Falle der Mehrarbeit an der neuen Stanze sein. Zwar hat der Betriebsrat u.U. kein eigenes Interesse daran, dass diese Überstunden gefahren werden. Dies ändert jedoch nichts daran, dass er für seine weiteren Entscheidungen über die dortige Arbeitszeitgestaltung wissen muss, was an diesem Arbeitsplatz passiert.

Im Falle der Einstellung der Monteure und der Kündigung des Außendienstmitarbeiters sieht dies anders aus.

Gem. § 99 Abs. 4 BetrVG darf der Arbeitgeber die Monteure nicht einstellen, wenn der Betriebsrat die Zustimmung verweigert. Zwar ist die Zustimmungsverweigerung an eine Frist gebunden, diese läuft jedoch erst dann, wenn der Betriebsrat ordnungsgemäß unterrichtet wurde. Teilt der Betriebsrat dem Arbeitgeber also mit, dass er weiteren Informationsbedarf zu der beabsichtigten Einstellung hat und worin dieser besteht, so läuft die Frist zunächst einmal nicht und der Arbeitgeber darf die Einstellung nicht vornehmen (BAG v. 5.5.2010 – 1 ABR 70/08). Allerdings muss auch ein Anspruch auf die zusätzlichen Informationen bestehen, andernfalls ist der Arbeitgeber nicht verpflichtet, sie zu erteilen und die Frist läuft. Damit hier nichts schief geht, sollte daher immer innerhalb der Wochenfrist eine Stellungnahme abgegeben werden. Stellt sich hinterher heraus, dass der Betriebsrat nicht richtig oder unvollständig unterrichtet wurde, ist das nur zum Vorteil des Arbeitnehmers.

Wenn der Arbeitgeber hier aber tatsächlich die Monteure schnell braucht, wird er schon aus diesem Grund dem Informationsbegehren des Betriebsrats nachkommen. Der Informationsanspruch des Betriebsrats erstreckt sich nur auf in Zusammenhang mit der Einstellung erforderliche Informationen. Der Familienstand der Einzustellenden etwa ist in diesem Zusammenhang bedeutungslos, nicht aber deren Qualifikation. Diese Information sollte daher vom Betriebsrat eingefordert werden.

Nachfragen mit negativen Folgen Genau das gegenteilige Verhalten des Betriebsrats ist im Falle der Kündigung ratsam. Hier wäre eine ausdrückliche Nachfrage beim Arbeitgeber nach weiteren Informationen das Verkehrteste, was er machen kann.

Dies hängt mit der Rechtsprechung des Bundesarbeitsgerichts zusammen, welche Informationen der Arbeitgeber im Rahmen einer Betriebsratsanhörung zu einer beabsichtigten Kündigung mitteilen muss. Hierzu gehören insbesondere auch die persönlichen Daten des zu Kündigenden (DKKW-Kittner, § 102 Rn. 67).

Fehlt es daran, ist es genauso, als wäre überhaupt keine Anhörung erfolgt. Die Kündigung ist unwirksam, wenn der Betroffene sich dagegen zur Wehr setzt.

Geht der Betriebsrat in dieser Situation auf den Arbeitgeber zu und verlangt Informationen, die dieser von sich aus hätte übergeben müssen, so erreicht er damit nur, dass der seinen Fehler korrigieren und die Kündigung so doch noch wirksam machen kann (BAG v. 6. 2. 1997 – 2 AZR 265/96). Daher ist in diesen Fällen von einer Nachfrage eher abzuraten, wenn es das Ziel des Betriebsrates ist, dabei zu helfen, die Kündigung durch das Arbeitsgericht für unwirksam erklären zu lassen. Der Gekündigte muss von diesem Verfahrensfehler lediglich durch den Betriebsrat erfahren, damit er bei einer Klage auch entsprechend argumentieren kann.

1.2 Die Quellen

Der Arbeitgeber ist nicht der Einzige, der als Informationsquelle für den Betriebsrat in Betracht kommt. Zwar sollte dieser niemals aus der Pflicht zur Unterrichtung entlassen werden, seine Angaben bzw. die seiner Vertreter sind jedoch immer mit Vorsicht zu behandeln und wenn möglich zu überprüfen. Dies muss kein Misstrauen sein: Der Arbeitgeber hat aus seinem Interesse heraus eine andere Sicht der Dinge. Die wird häufig nicht mit der der Belegschaft und des Betriebsrats übereinstimmen.

Vor allem die Kollegen sind es, die aus eigener Kenntnis Wissen über die fraglichen Angelegenheiten haben. Dieses Wissen sollte der Betriebsrat nutzen. Es steht ihm frei, jeden Mitarbeiter um Unterstützung seiner Arbeit zu bitten. Zwar kann der Arbeitgeber intern festlegen, wer in seinem Namen den Betriebsrat unterrichtet und damit anderen Beschäftigten untersagen, Informationen über seine Pläne an diesen weiterzugeben. Für den Betriebsrat ist das jedoch nicht verbindlich, er kann Jede und Jeden anzapfen und muss dabei lediglich aufpassen, dass er Kollegen, die ihn trotz Schweigegelübdes unterstützen, dadurch nicht gefährdet. Diskretion ist hier Trumpf.

Der Arbeitgeber kann dem Betriebsrat also nicht vorschreiben, an wen er mit der Bitte um Informationen herantreten darf und an wen nicht. Versucht er aber, alle Informationen durch einen Flaschenhals zu kanalisieren, also die anderen Beschäftigten arbeitsrechtlich daran zu hindern, den Betriebsrat zu unterstützen, so hat dieser die Möglichkeit, eine solche Blockade ganz offiziell aufzubrechen. Hierzu steht ihm nach § 80 Abs. 2 BetrVG die Möglichkeit offen, einzelne Beschäftigte als „Auskunftspersonen" zu benennen. Darunter sind Arbeitnehmer des Betriebs zu verstehen, die zu einer bestimmten Sachfrage entsprechende Informationen haben, die sie an den Betriebsrat weitergeben sollen. Nur wenn betriebliche Notwendigkeiten entgegenstehen, kann der Arbeitgeber dies verweigern.

Zwar ist auch hier nicht ausgeschlossen, dass unwillige Arbeitgeber mit diesen Kollegen vorherige Absprachen treffen. Dabei bleibt jedoch immer ein erheblicher Unsicherheitsfaktor für ihn: Er weiß ja gar nicht, welche Fragen der Betriebsrat im Einzelnen an die Auskunftspersonen hat und wie sich ein solches Gespräch entwickelt. Außerdem: Je mehr solcher Auskunftspersonen benannt werden, desto schwieriger ist es, deren Auskünfte tatsächlich noch zu steuern. Zumindest lässt sich die Blockade damit ein Stück weit aufbrechen.

Externe Sachverständige können gem. § 80 Abs. 3 BetrVG ebenfalls als Informationsquelle hinzugezogen werden. Dies ist allerdings erst dann möglich, wenn die betrieblichen Quellen ausgeschöpft sind. Hierzu zählen auch die Auskunftspersonen. Voraussetzung für die Beauftragung eines externen Sachverständigen ist aber eine vorherige Vereinbarung mit dem Arbeitgeber. Die ist nur dann überflüssig, wenn der Berater bei einer Betriebsänderung in einem Unternehmen mit mehr als 300 Arbeitnehmern hinzugezogen werden soll. Andernfalls steht nicht nur deren Vergütung in Frage. Der Betriebsrat ist streng genommen überhaupt nicht befugt, mit diesen Personen über betriebliche Interna zu reden.

Kommt eine Einigung mit dem Arbeitgeber über die Beauftragung nicht zu Stande, kann sie auch über das Arbeitsgericht erzwungen werden.

Die Erfolgsaussichten in einem solchen Prozess steigen, wenn der Betriebsrat sich vorher vergeblich darum bemüht hat, interne Auskunftspersonen gestellt zu bekommen.

Aufgabe von externen Sachverständigen ist es eigentlich nicht, den Betriebsrat zu informieren. Sie sollen dabei helfen, die Sachlage aufgrund bestehender Informationen zu beurteilen. Dieser Unterschied spielt lediglich vor Gericht, nicht aber für die Praxis eine Rolle.

Weitere Informationswege Daneben stehen dem Betriebsrat noch weitere Informationswege offen. Hierzu zählen insbesondere frei verfügbare Medien wie Presseorgane, Fachveröffentlichungen, und natürlich das Internet.

Alle diese Zugänge stehen grundsätzlich offen, sind aber mit dem Problem behaftet, dass ihre Nutzung Kosten verursacht. Bei Zeitschriften, die der Arbeitgeber dem Betriebsrat sowieso zur Verfügung stellt oder die im Unternehmen vorhanden sind, weil einzelne Abteilungen sie beziehen, ist für die Kostentragung bereits gesorgt. Nur dann, wenn zusätzlich etwas benötigt wird, sind bestimmte Formalien einzuhalten.

Wenn etwa der Betriebsrat ein bestimmtes Heft der Zeitschrift „Manager Magazin" benötigt, weil darin ein Hintergrundartikel über das eigene Unternehmen und dessen zukünftige Veränderungen enthalten ist, so kann natürlich ein Betriebsratsmitglied zum nächsten Zeitschriftenhändler gehen und dort das Heft kaufen. Der Versuch, den Kaufpreis erstattet zu bekommen, muss jedoch nicht von Erfolg gekrönt sein, weil der Arbeitgeber gem. § 40 Abs. 2 BetrVG nur verpflichtet ist, derartige sachliche Mittel für die Betriebsratsarbeit zur Verfügung zu stellen, wenn sie hierfür erforderlich sind. Einen ausgelegten Kaufpreis dagegen muss er nur dann erstatten, wenn das vorher mit dem Betriebsrat so vereinbart worden ist. Daher muss in solchen Fällen immer der Arbeitgeber aufgefordert werden, den speziellen Artikel innerhalb einer ihm zu setzenden Frist zu beschaffen. Kommt er dem nicht nach, gibt es nur die Möglichkeit, diesen Anspruch auf Beschaffung einzuklagen, nicht aber die Erstattung des Preises von sich aus zu erzwingen. (Zur Kostentragungspflicht des Arbeitgebers vgl. aus dieser Reihe die Broschüre „Die Arbeit im Betriebsratsgremium" von Inge Böttcher.)

Elektronische Medien Betriebsräte, denen von ihrem Arbeitgeber ein Internet-Zugang zur Verfügung gestellt wurde, können das Internet zur Recherche von frei zugänglichen Informationen für Betriebsräte ohne Einschränkung nutzen. Erst wenn dadurch zusätzliche Kosten entstehen, muss wiederum eine Vereinbarung mit dem Arbeitgeber hierüber getroffen werden. (Im Anhang 4 ist eine Liste von Internet-Adressen enthalten, die für die Arbeit des Betriebsrats interessant sein können.)

2.   Das Anhörungsrecht

Auch wenn im Falle des zu kündigenden Außendienstmitarbeiters dem Betriebsrat vermutlich zu wenig Informationen gegeben wurden, um hier eine sachgerechte Entscheidung treffen zu können, lautete doch oben die Empfehlung, keine weiteren Nachfragen zu diesem Thema an den Arbeitgeber zu richten. Dies hängt mit der bereits beschriebenen Folge zusammen, die eine unzureichende Unterrichtung des Betriebsrats für die Kündigung hat: Sie ist ebenso unwirksam, als wenn gar keine Anhörung erfolgt.

Begrenzte Handlungsmöglichkeiten

Verstehen kann dies nur, wer sich klar macht, dass bei der Anhörung nicht entscheidend ist, was der Arbeitgeber vom Betriebsrat als Meinung zur Kündigung zu hören bekommt, sondern was er selbst ihm erzählt.

Dennoch beschreibt § 102 Abs. 2 und 3 BetrVG ausführlich ein formalisiertes Verfahren, wie der Betriebsrat sich bei einer solchen Anhörung Gehör verschaffen kann.

Danach kann er gegen eine Kündigung zunächst „Bedenken" anmelden. Diese muss er unter Angabe von Gründen dem Arbeitgeber innerhalb einer Woche schriftlich mitteilen. Bei einer außerordentlichen Kündigung beträgt diese Frist nur drei Tage.

Bedenken und Widerspruch

Versäumt er diese Frist, ist die Zustimmung zur Kündigung erteilt, was ihr jedoch auch nicht zu höherer Wirksamkeit verhilft. Der Betriebsrat ist nicht die Instanz, die zu beurteilen hat, ob eine Kündigung im Einklang mit dem Kündigungsschutzrecht steht.

Äußert der Betriebsrat Bedenken, hat dies aber auch keinen Einfluss darauf, ob der Arbeitgeber kündigen darf oder nicht. Die Einhaltung von Form und Frist bei der Äußerung von Bedenken hat lediglich zur Folge, dass der Arbeitgeber sich nicht auf eine Zustimmung des Betriebsrats zur Kündigung berufen kann, was ihm wiederum sowieso nichts nützen wird, weil auch die Zustimmung des Betriebsrats zur Kündigung rechtlich ohne Bedeutung ist. Bedenken sind also nur ein Signal an die betroffenen Beschäftigten, den Arbeitgeber und gegebenenfalls das Arbeitsgericht, dass die Kündigung innerbetrieblich nicht unumstritten war. Mehr nicht!

Statt Bedenken zu äußern, kann der Betriebsrat einer ordentlichen Kündigung auch widersprechen. § 102 Abs. 3 BetrVG begrenzt allerdings den Katalog der denkbaren Widerspruchsgründe. Im Einzelnen sind dies:

Widerspruchs-
gründe

- die Nichtberücksichtigung sozialer Gesichtspunkte bei der Auswahl des zu Kündigenden;
- der Verstoß gegen eine Richtlinie nach § 95 BetrVG (Auswahlrichtlinie);
- die Weiterbeschäftigungsmöglichkeit des Gekündigten bei Umsetzung auf einen anderen Arbeitsplatz im Betrieb oder Unternehmen;
- die Weiterbeschäftigungsmöglichkeit nach zumutbaren Weiterbildungsmaßnahmen;
- die Weiterbeschäftigungsmöglichkeit unter geänderten Vertragsbedingungen, wenn diesbezüglich Einverständnis des Gekündigten besteht.

Diese Begrenzung der Gründe macht das Verfahren des Widerspruchs durch den Betriebsrat ausgesprochen kompliziert, weil es immer wieder Schwierigkeiten bereitet, diesen Anforderungen des Gesetzes an die Begründung des Widerspruchs zu genügen. Allerdings sollte der Betriebsrat sich überlegen, welchen Aufwand er hier tatsächlich betreiben will. Schließlich ist die Rechtsfolge, die durch einen Widerspruch ausgelöst wird, keineswegs diejenige, die zu erwarten wäre. Naheliegend wäre es, an einen Akt – wie einen Widerspruch – die Folge zu knüpfen, dass der Ausspruch der Kündigung damit zunächst einmal unmöglich gemacht wird. Dies ist jedoch nicht so.

Weiterbe-
schäftigungs-
anspruch

Tatsächlich löst der frist- und ordnungsgemäße Widerspruch gem. § 102 Abs. 5 BetrVG nur einen Anspruch des Gekündigten aus, während eines Kündigungsschutzverfahrens bis zu dessen Abschluss zu unveränderten Arbeitsbedingungen weiter beschäftigt zu werden. (Dazu: IG Metall-Handlungshilfe Nr. 27 „Kündigungsschutz".) Der kommt jedoch aus zwei Gründen in der Regel überhaupt nicht zum Tragen. Der erste sind die Beschäftigten selbst: Sie sehen meist ihre Aussichten realistisch und wissen, dass auch bei einem gewonnenen Kündigungsschutzprozess die Rückkehr in den Betrieb problematisch und der dortige Verbleib nur von kurzer Dauer sein wird. Daher suchen sie sich lieber eine andere Stelle, statt die Zeit beim alten Arbeitgeber zu vertrödeln. Der andere Grund hängt damit zusammen: Die Gekündigten lassen sich bei diesen Aussichten lieber auf die Zahlung einer Abfindung als Preis für die Hinnahme der Kündigung ein. Darüber wird aber häufig noch innerhalb der Kündigungsfrist – während derer sowieso ein Beschäftigungsanspruch besteht – im Gütetermin vor dem Arbeitsgericht Einigung erzielt. Im wirklichen Leben spielt der Weiterbeschäftigungsanspruch daher fast keine Rolle.

Die Regelungen des § 102 BetrVG suggerieren manchem Betriebsrat, tatsächlichen Einfluss auf die Kündigung selbst nehmen zu können.

Bedenken zu äußern oder einer Kündigung zu widersprechen, ist häufig lediglich der letzte Versuch des Betriebsrats, durch einen derartigen formalen, wohlbegründeten Akt, den Arbeitgeber argumentativ vom Entschluss zur Kündigung abzubringen. Die Anstrengungen des Betriebsrats gehen jedoch meist ins Leere.

Im Falle der Mitbestimmungsmöglichkeiten bei der Kündigung hat der Gesetzgeber also ein Verfahren für den Betriebsrat geschaffen, in dem dieser sehr viele Formalien einhalten muss, ohne dass er hierfür mit einer wirklichen Einflussnahme auf die schließliche Maßnahme des Arbeitgebers belohnt wird.

Der viel interessantere Aspekt an dem Anhörungsverfahren für die Beschäftigten ist derjenige, dass Arbeitgebern hier häufig Fehler unterlaufen, die dann zur Unwirksamkeit der Kündigung führen. Das Bundesarbeitsgericht knüpft an die fehlerhafte Anhörung, die vor allem in der unvollständigen Weitergabe von Informationen besteht, dieselbe Rechtsfolge wie an das vollständige Unterlassen der Anhörung: Die Kündigung wird unwirksam.

Fehlerhafte Anhörung führt zur Unwirksamkeit

Der Betriebsrat muss im Rahmen der Anhörung nach § 102 BetrVG über alle diejenigen Umstände informiert werden, die den Arbeitgeber zum Ausspruch der Kündigung veranlassen. Diese Beschränkung auf die Motive des Arbeitgebers ist ausgesprochen ernst zu nehmen. Er muss dem Betriebsrat keinen Vortrag darüber halten, warum die Kündigung juristisch gerechtfertigt ist, sondern lediglich seine eigenen Beweggründe offen legen. Übrigens auch bei Kündigungen in der Probezeit (BAG v. 18.5.1994 – 2 AZR 920/93).

In der Konsequenz heißt dies, dass der Arbeitgeber, der eine vollständige juristische Prüfung vor Ausspruch einer Kündigung vornimmt und zu dem Ergebnis kommt, dass diese haltbar ist, dem Betriebsrat dies auch mitteilen muss. Der Arbeitgeber hingegen, der lediglich aus Verärgerung eine Kündigung ausspricht, unterrichtet den Betriebsrat vollständig, wenn er diesem seinen Gemütszustand verdeutlicht. Dies alles sagt nichts darüber aus, ob es einen gesetzlich anerkannten Grund für die Kündigung gibt. Hier geht es nur um die Einhaltung eines bestimmten Verfahrensablaufs.

Fast immer muss der Betriebsrat über die so genannten Sozialdaten, also Alter, Dauer der Betriebszugehörigkeit, Familienstand und Unterhaltsverpflichtungen informiert werden, sofern er diese Angaben nicht bereits aus eigener Kenntnis hat. Bei einer betriebsbedingten Kündigung muss auch dargelegt werden, zwischen welchen Beschäftigten die soziale Auswahl erfolgte und warum sie zu Ungunsten des Gekündigten ausgegangen ist.

(Vgl. ausführlich zu diesem Thema: Hinrichs, „Anhörung des Betriebsrats bei Kündigungen", IG-Metall Handlungshilfe.)

Im Falle des zu kündigenden Außendienstmitarbeiters hat der Arbeitgeber genau an dieser Stelle einen Fehler gemacht:

Die Sozialdaten sind dem Betriebsrat nicht mitgeteilt worden. Reagiert der Betriebsrat nun wie vom Gesetz vorgesehen, äußert er also Bedenken gegen die Kündigung, wird der Arbeitgeber sich nicht gehindert fühlen, diese auszusprechen. Der Kollege hat aber im späteren Arbeitsgerichtsverfahren gute Chancen, dieses für sich zu entscheiden oder doch zumindest über eine höhere Abfindung zu verhandeln, weil der Arbeitgeber einen formalen Fehler bei der Kündigung gemacht hat.

Fordert der Betriebsrat dagegen eine Nachbesserung der Anhörung, so gibt er damit dem Arbeitgeber die Gelegenheit, diesen Fehler noch zu reparieren und die Kündigung durch Übergabe der Sozialdaten in dieser Hinsicht „wasserdicht" zu machen. Zu großes Bemühen um Zusammenarbeit bei der Anhörung zur Kündigung kann also eher das Gegenteil dessen bewirken, was der Betriebsrat eigentlich will: Die Gefährdung des Arbeitsplatzes des Betroffenen erhöht sich noch, weil die Chancen im Kündigungsschutzprozess sinken.

… darum
Zurückhaltung
im Rahmen der
Anhörung

Zurückhaltung im Rahmen der Anhörung nach § 102 BetrVG ist dem Betriebsrat immer dann zu empfehlen, wenn zwischen ihm und dem Arbeitgeber ein Klima herrscht, das zwar die Befolgung der Rechte nach dem Betriebsverfassungsgesetz beinhaltet, dem Betriebsrat aber keine darüber hinausgehenden Einflussmöglichkeiten eröffnet. Dort, wo im Gegensatz dazu tatsächlich ein kooperatives Klima herrscht, die Bedenken des Betriebsrats bei einer Kündigung also ernst genommen werden und Auswirkungen auf den Kündigungsentschluss haben können, sollte auch weniger formal vorgegangen werden. In diesen Fällen kann tatsächlich das Bemühen um die sachlich beste und nicht die juristisch trickreichste Lösung im Vordergrund stehen.

> **Merke:** Bei der Anhörung zur Kündigung ist der Betriebsrat gut beraten, sich nicht darum zu bemühen, den Arbeitgeber zur „vertrauensvollen Zusammenarbeit" anzuhalten. Damit schützt er nicht die zu kündigenden Kollegen, sondern allenfalls den Arbeitgeber selbst.

3. Zustimmungsverweigerungsrechte

Zustimmungsverweigerungsrechte begegnen uns lediglich in § 99 BetrVG. Sie betreffen die so genannten personellen Einzelmaßnahmen.

Zu beachten ist hier zunächst, dass dem Betriebsrat keine Initiativrechte zustehen. Selbstverständlich ist es ihm unbenommen, von sich aus auf den Arbeitgeber zuzugehen und ihm Vorschläge zu machen, ob eine Kollegin besser einen anderen Arbeitsplatz bekommt oder eine Person eingestellt werden soll. Dies gehört sogar unbedingt zu den Initiativen, die der Betriebsrat ergreifen sollte. § 80 Abs. 1 Nr. 2 BetrVG weist ihm die allgemeine Aufgabe zu, „Maßnahmen, die dem Betrieb und der Belegschaft dienen, beim Arbeitgeber zu beantragen". Hierzu können auch Einstellungen, Versetzungen oder Umgruppierungen gehören. Allerdings fehlt es an der Durchsetzbarkeit solcher Ideen.

Anders verhält sich dies aus der Sicht des Arbeitgebers: Plant er die Einstellung etwa der Monteure oder die Zuweisung eines anderen Arbeitsplatzes wie im Falle der schwerbehinderten Kollegin, die jetzt Kleinteile verpacken muss, darf er dies auch dann umsetzen, wenn er mit dem Betriebsrat darüber keine Einigung erzielt. Allerdings nicht ohne weiteres, sondern nur, wenn er ein Gerichtsverfahren anstrengt – und gewinnt. Dies ergibt sich aus § 99 Abs. 4 BetrVG. Dort heißt es:

„Verweigert der Betriebsrat seine Zustimmung, so kann der Arbeitgeber beim Arbeitsgericht beantragen, die Zustimmung zu ersetzen."

Mit anderen Worten: der Arbeitgeber braucht die Zustimmung immer, er ist bei personellen Einzelmaßnahmen keineswegs ein absoluter Herrscher über den Betrieb. Bekommt er sie nicht vom Betriebsrat, kann er versuchen, sie sich beim Arbeitsgericht zu holen. Ob er sie da bekommt, steht auf einem anderen Blatt.

Zustimmung immer erforderlich

Selbstverständlich ist der Arbeitgeber nicht gezwungen, diesen Weg zu gehen. Von Gesetzes wegen ist er dann aber gehindert, seine Planung umzusetzen. Was jedoch manche Arbeitgeber nicht daran hindert, dies dennoch zu tun. Wie der Betriebsrat darauf reagieren kann, wird weiter unten thematisiert.

Der Arbeitgeber braucht die Zustimmung für die personellen Einzelmaßnahmen, die nicht in einer Kündigung bestehen. § 99 BetrVG listet sie auf:

- Einstellungen
- Eingruppierungen
- Umgruppierungen
- Versetzungen

Gegenstände der Anhörung

Nun wäre es langweilig, wenn sich aus dem landläufigen Verständnis dieser Begriffe bereits deren relevanter Inhalt für die Mitbestimmungsrechte ergeben würde. BetrVG und Rechtsprechung haben hier einige Besonderheiten parat, die zu kennen für den Betriebsrat mehr als nützlich ist.

3.1 Einstellung

Eine Einstellung ist zunächst einmal das, was alle darunter verstehen: Der Abschluss eines neuen Arbeitsvertrages. Allerdings wäre der Streit schon vorprogrammiert, wenn dies der einzige Fall der Hereinnahme neuer Kollegen wäre, bei dem die Zustimmung des Betriebsrats erforderlich ist. Wie häufig kommt es vor, dass der Arbeitgeber Personen in den Betrieb integriert, von denen er behauptet, sie seien überhaupt keine Arbeitnehmer oder er habe keinen Arbeitsvertrag mit ihnen geschlossen. Letzteres ist allerdings meist nur in dem Sinne zu verstehen, dass kein schriftlicher Vertrag existiert.

Eingliederung in Arbeitsorganisation

Solche Streitereien sind überflüssig, wenn man das Mitbestimmungsrecht in allen Fällen anerkennt, in denen die Personen tatsächlich in den Betrieb und die Arbeitsorganisation eingegliedert werden. Damit folgt man der ja maßgeblichen Ansicht des Bundesarbeitsgerichts (BAG v. 5. 5. 1992 – 1 ABR 78/91). Tatsächlich eingegliedert werden z. B. auch Leiharbeitnehmer. Dieses Mitbestimmungsrecht ist auch ausdrücklich in § 14 Abs. 3 Arbeitnehmerüberlassungsgesetz anerkannt. Es kommt aber auch vor, dass eine solche Eingliederung passiert, ohne dass dies ausdrücklich als Arbeitnehmerüberlassung bezeichnet wird (BAG v. 13. 12. 2005 – 1 ABR 51/04).

Nicht alle, die irgendwann einmal im Betrieb auftauchen, sind in die Arbeitsorganisation eingegliedert. So ist es keine Seltenheit, dass mit „freien" Mitarbeitern, mit Fremdfirmen oder so genannten selbstständigen Werkunternehmern Verträge geschlossen werden. Wenn diese tatsächlich selbstständig sind und nicht nur als Scheinselbstständige gehalten werden, um Sozialabgaben zu sparen, entfällt das Mitbestimmungsrecht.

Für den Fall unserer Monteure lässt sich dies so unterscheiden:

- Wird mit ihnen ein normaler Arbeitsvertrag geschlossen und nehmen diese ihre Arbeit nach Weisung des Arbeitgebers bzw. seiner Beauftragten auf, so handelt es sich um ein Arbeitsverhältnis und das Mitbestimmungsrecht nach § 99 BetrVG steht außer Zweifel.
- Hat der Arbeitgeber dagegen eine andere Firma mit den Montagearbeiten beauftragt und schickt die ihre Leute in den Betrieb, kann das auf zwei Wegen passieren: Entweder es handelt sich um eine Firma, die mit eigenen Leuten einen Auftrag im Betrieb ausführt – etwa der Malerbetrieb, der die Sozialräume mit eigenen Leuten auf Vordermann bringt. Dann muss der Arbeitgeber sich hierfür nicht die Zustimmung des Betriebsrats holen. Die Monteure sind dann in den Betrieb dieses fremden Unternehmens eingegliedert, nicht aber in den, für den unser Betriebsrat gewählt wurde.
- Anders sieht es aus, wenn der Auftragnehmer den Auftrag nicht selber ausführt, sondern nur seine Leute schickt. Wenn die den Weisungen des den Auftrag gebenden Arbeitgebers unterliegen,

werden sie in den Betrieb eingegliedert und sind Leiharbeitnehmer. Hierbei ist der Betriebsrat wieder gem. § 99 BetrVG zu beteiligen, auch wenn das Verhältnis nicht ausdrücklich als Arbeitnehmerüberlassung bezeichnet wird.

● Die vierte Variante ist ebenfalls problematisch und führt zu vielen Auseinandersetzungen: Hier tritt jeder Monteur als selbstständiger Unternehmer auf und lässt sich für spezielle Aufträge anheuern. Ob der dann wirklich selbstständig ist oder nur ein Arbeitnehmer, dem man die entsprechenden Rechte verweigern will, muss dann im Einzelnen überprüft werden. Scheinselbstständige sind tatsächlich Arbeitnehmer, hier besteht daher ebenfalls das Mitbestimmungsrecht gem. § 99 BetrVG bei der Einstellung.

Grundsätzlich ist es zulässig, mit Fremdfirmen, Selbstständigen, Freelancern usw. zu arbeiten. Häufig sind dies aber gerade Fälle der Scheinselbstständigkeit, in denen sich hinter freien Vertragsverhältnissen in Wirklichkeit ein Arbeitsverhältnis verbirgt.

Der Betriebsrat muss in jedem Fall für sich selbst eine Entscheidung treffen, ob es sich um ein Arbeitsverhältnis handelt und er folglich die Mitbestimmungsrechte nach § 99 BetrVG einfordert oder nicht. Hierzu benötigt er zunächst einmal konkrete Informationen über die Ausgestaltung des Vertragsverhältnisses mit den „selbstständigen" Monteuren. Der Arbeitgeber ist also auf Nachfrage verpflichtet, dem Betriebsrat diese Verträge vorzulegen oder, sofern keine schriftlichen Verträge existieren, den Inhalt der Vereinbarung zu erläutern. Der Betriebsrat hat einen Anspruch hierauf, weil er in eigener Verantwortung das Vorliegen eines Mitbestimmungstatbestandes prüft (BAG v. 23.3.2010 – 1 ABR 81/08). Wir merken: Wieder ist das Informationsrecht das Fundament der Mitbestimmung. Da die Beteiligung bei personellen Einzelmaßnahmen eine Aufgabe aus dem BetrVG ist, ergibt sich der Anspruch auf Unterrichtung aus § 80 Abs. 2 BetrVG und ist dort auch ausdrücklich auf Personen bezogen, die nicht Arbeitnehmer sind.

Konkrete Informationen über Ausgestaltung des Vertragsverhältnisses

Maßstab für die Prüfung des Betriebsrats, ob er das Mitbestimmungsrecht einfordert, ist der Grad der Selbstständigkeit, der dem betroffenen Personenkreis verbleibt. Dabei ist nicht so sehr die Selbstständigkeit bezüglich der zu erbringenden Arbeitsleistung oder die wirtschaftliche Unabhängigkeit zu beurteilen. Im Vordergrund stehen vielmehr Aspekte wie etwa

● Freiheit bei der zeitlichen Gestaltung (Beginn und Ende der Arbeitszeit),
● Zulässigkeit, sich bei der Ausführung des Auftrages vertreten zu lassen,
● Verfahren bei längerfristiger Abwesenheit (Urlaubsgewährung),
● Verfahren bei Erkrankung (Vorlage von Arbeitsunfähigkeitsbescheinigung) sowie

- Bindung an bestimmte Ordnungsvorgaben wie etwa Arbeitsbekleidung, Benutzung einer Zeiterfassungseinrichtung.

Je enger die Anbindung in diesen Fragen an die Entscheidungsgewalt des Arbeitgebers ist, desto eher ist davon auszugehen, dass es sich tatsächlich um ein Arbeitsverhältnis handelt, weil der Arbeitnehmer in diesen Punkten seinen Weisungen unterliegt und damit eingegliedert wurde. In diesem Fall muss der Arbeitgeber die Zustimmung des Betriebsrats zur Einstellung einholen.

Die vertraglichen Regelungen, die der Arbeitgeber mit den Monteuren treffen will, sind von Interesse für die Beurteilung des Betriebsrats – aber nicht ausschlaggebend. Weder die Notwendigkeit, jeweils zum Monatsende eine Rechnung mit Mehrwertsteuer zu stellen, noch die ausdrückliche Vereinbarung, dass kein Arbeitsverhältnis vorliegen soll, können der Beziehung den Charakter des Arbeitsverhältnisses nehmen, wenn dieser sich aus anderen Umständen ergibt. Aus den vertraglichen Regelungen können sich aber Indizien ergeben.

Entscheidet der Betriebsrat sich für die Bewertung als Arbeitsverhältnis, wird er hierdurch in aller Regel den Arbeitgeber nicht von der Notwendigkeit überzeugen, die damit erforderliche Zustimmung auch einzuholen. Dies hängt vor allem mit finanziellen Auswirkungen zusammen. Gesteht der Arbeitgeber von sich aus zu, dass ein Arbeitsverhältnis vorliegt, muss er Abgaben an die Sozialversicherung leisten. Andernfalls macht er sich strafbar.

Der Betriebsrat kann in dieser Situation nicht darauf warten, dass der Arbeitgeber ihn um seine Zustimmung zur Einstellung bittet, sondern wird sich seinerseits um die Durchsetzung seines Mitbestimmungsrechts bemühen müssen. Wie das funktioniert, wird weiter unten beschrieben.

Eine Eingliederung im Sinne des oben Beschriebenen ist auch dann gegeben, wenn eine Person, die bereits mit einem befristeten Arbeitsverhältnis im Betrieb tätig ist, einen unbefristeten oder auch einen weiteren befristeten Vertrag erhalten soll. Beides gilt immer als Neueinstellung und unterliegt dem Zustimmungserfordernis (BAG v. 28. 10. 1986 – 1 ABR 16/85).

Unter einer Einstellung ist also sowohl der Abschluss eines Arbeitsvertrags als auch die tatsächliche Eingliederung in den Betrieb zu verstehen.

3.2 Eingruppierungen und Umgruppierungen

Vergütungsgruppen aus Tarifverträgen

Eingruppierung und Umgruppierung sind Bezeichnungen für den Vorgang, bei dem eine zu verrichtende Tätigkeit einer speziellen Vergütungsgruppe zugeordnet wird. Die Vergütungsgruppen sind üblicherweise Tarifverträgen zu entnehmen. Aber auch dann, wenn der

Arbeitgeber nicht tarifgebunden ist, können solche Vergütungsgruppen existieren. Denkbar ist zum einen, dass aufgrund einer Verweisung in den einzelnen Arbeitsverträgen oder der so genannten betrieblichen Übung der Tarifvertrag angewendet wird. Dann besteht für jeden Einzelfall der Anspruch darauf, entsprechend in das tarifliche Gerüst integriert zu werden.

Schließlich muss ein tarifliches Entgeltgruppensystem auch dann weiter angewendet werden, wenn der Arbeitgeber aus dem Arbeitgeberverband ausgetreten ist. Die Änderung dieses Systems muss er dann zunächst mit dem Betriebsrat vereinbaren (BAG v. 2.3.2004 – 1 AZR 271/03).

Außerdem könnte, wenn keine Tarifbindung existiert, ein vergleichbares System von Vergütungsgruppen durch Betriebsvereinbarung geschaffen worden sein.

Die Umgruppierung ist die Zuordnung zu einer anderen als der bisherigen Vergütungsgruppe, weil die Tätigkeit sich verändert oder aber sich herausgestellt hat, dass die bestehende Eingruppierung falsch ist.

Das Ziel des Eingruppierungsvorgangs besteht darin, die innerbetriebliche Lohngerechtigkeit zu verwirklichen. Gleichartige Tätigkeiten sollen auch in gleicher Weise vergütet werden.

Ziel der Eingruppierung

Häufig „vergessen" Arbeitgeber das Zustimmungsverfahren, wenn sich die Gehälter bei außertariflichen Angestellten verändern oder Tarifkräfte in den Stand der Außertariflichen gehoben werden. Hier gilt aber dasselbe, wie bei Beschäftigten, deren Tätigkeit durch den Tarifvertrag erfasst wird. Sofern für diese außertariflichen Beschäftigten ein Entgeltgruppensystem existiert, erfordert auch dies eine Eingruppierung, bei der der Betriebsrat beteiligt werden muss. Selbst ohne ein solches System ist die Zuordnung zu den AT-Beschäftigten ein mitbestimmungspflichtiger Eingruppierungsvorgang. Die Entscheidung, an der der Betriebsrat zu beteiligen ist, ist Herausnahme aus dem Tarifgruppensystem. Das Beteiligungsrecht entfällt lediglich bei leitenden Angestellten.

Allerdings ist unter diese Vorschrift nicht jede Veränderung der Vergütung im Einzelfall zu fassen. So unterliegt es nicht der Mitbestimmung bei der Eingruppierung, wenn der Arbeitgeber Beschäftigten eine Erhöhung der Vergütung zukommen lässt, die unabhängig von der Art der ausgeübten Tätigkeit ist. Hierbei kann es sich um eine Leistungszulage handeln oder auch um eine „Nasenprämie". Für diese bestehen auch Mitbestimmungsrechte, auf die später im Rahmen der erzwingbaren Mitbestimmung zurückzukommen ist. Jedoch handelt es sich im Regelfall nicht um eine Eingruppierungsentscheidung, weil nicht die Zuordnung der konkret ausgeübten Tätigkeit zu einer Entgeltgruppe zur Entscheidung steht.

Betriebsrat ist zu beteiligen

Das durchgeführte Zustimmungsverfahren hat für die Beschäftigten den Vorteil, dass sie sich auf dessen Ergebnis berufen und ggf.
die entsprechende Vergütung problemlos einklagen können. Sind
Betriebsrat und Arbeitgeber darin übereingekommen, Beschäftigte
einer bestimmten Vergütungsgruppe zuzuordnen, müssen diese
nicht mehr im Gerichtsverfahren belegen, dass sie tatsächlich Tätigkeiten verrichten, die dieser Vergütungsgruppe entsprechen (BAG v.
3. 5. 1994 – 1 ABR 59/93).

Der Betriebsrat hat hier also eine hohe Verantwortung. Eine voreilige Zustimmung zu einer falschen Vergütungsgruppe macht es den
Betroffenen fast unmöglich, das Einkommen durchzusetzen, auf das
sie nach Tarifvertrag einen Anspruch haben.

3.3 Versetzungen

Was Versetzungen sind, hat das BetrVG selbst definiert. Allerdings findet sich diese Definition nicht in § 99 BetrVG, sondern im 3. Absatz
des § 95 BetrVG. Danach ist hierunter

*„die Zuweisung eines anderen Arbeitsbereichs, die voraussichtlich die
Dauer von einem Monat überschreitet, oder die mit einer erheblichen
Änderung der Umstände verbunden ist, unter denen die Arbeit zu leis-
ten ist",*

zu verstehen. Ausgenommen sind allerdings solche Arbeitsverhältnisse, in denen die Veränderung die Regel ist. Damit sind insbesondere Springer oder Beschäftigte im Außendienst gemeint, die sowieso
ständig unterwegs sind – gleich ob im Betrieb oder außerhalb.

Wichtig ist zunächst, zu beachten, dass die Versetzung nicht unbedingt
immer länger als einen Monat dauern muss. Dies ist ein häufiges Miss-
verständnis. Zunächst ist vielmehr zu beurteilen, ob sich die Bedingungen, unter denen die Arbeit zu leisten ist, erheblich verändern.

Unproblematisch sind dabei solche Fälle, bei denen sich der Inhalt der
Arbeitsleistung verändert, also wenn eine völlig neue Arbeitsaufgabe
übernommen wird oder aber eine Beförderung erfolgt.

In diesem Sinne ist die schwerbehinderte Kollegin, die aus der Poststelle in den Versand wechseln musste, ohne Zweifel versetzt worden. Während sie vorher damit befasst war, Briefe zu öffnen oder zu
schließen, zu frankieren und Postausgangsstatistiken zu führen, muss
sie nunmehr die vorwiegend körperliche Tätigkeit des Verpackens von
Waren verrichten.

Schwierig wird es, wenn sich bei einer Zuweisung anderer Arbeiten
die Arbeitsinhalte nicht oder nur zum Teil verändern. Denkbar ist etwa,
dass ein kaufmännischer Angestellter, der bislang vorwiegend im

Innendienst gearbeitet hat, zusätzlich auch Außendienste machen soll. Sicherlich ist vom Berufsbild des kaufmännischen Angestellten der Außendienst grundsätzlich auch umfasst. Deshalb ist die Maßnahme aber nicht mitbestimmungsfrei. Schließlich unterscheiden sich die Arbeitsbedingungen eines Beschäftigten, der mit seinem eigenen oder einem Auto der Firma beruflich unterwegs ist, von denen eines reinen Büroangestellten. Von daher sind hier die Umstände, unter denen die Arbeit zu leisten ist, im Sinne der Vorschrift verändert worden.

Ob dies auch erheblich ist, bemisst sich wiederum nach dem Umfang der Veränderung. Das Bundesarbeitsgericht hat das bejaht, wenn sich die Tätigkeiten verändern, die einen Umfang von 20 bis 25 % der gesamten Arbeitszeit der zu versetzenden Person ausmachen (BAG v. 2. 4. 1996 – 1 AZR 743/95).

Sichere Versetzungsfälle sind danach:

- die Zuweisung eines anderen Arbeitsortes
- der Entzug von Arbeitsaufgaben, der einen erheblichen Umfang hat (20 bis 30 %)
- die Beförderung
- die vollständige oder teilweise Veränderung der Arbeitsaufgabe
- eine Veränderung der Tätigkeit, die zur Zuordnung zu einer anderen Vergütungsgruppe führt.

Versetzungs-fälle

Nicht zu den Versetzungen gehört nach der Rechtsprechung des Bundesarbeitsgerichtes die bloße Veränderung der Arbeitszeit, auch wenn diese im Wechsel einer Schicht besteht. Dennoch unterliegt dieser Vorgang der Mitbestimmung des Betriebsrats allerdings dem sehr viel stärkeren § 87 Abs. 1 Nr. 2 BetrVG (BAG v. 23. 11. 1993 – 1 ABR 38/1993).

Unabhängig davon, ob die Veränderung der Umstände, unter denen die Arbeitsleistung zu erbringen ist, als erheblich anzusehen ist, ist der Versetzungsbegriff immer dann erfüllt, wenn zu Beginn der Maßnahme absehbar ist, dass diese länger als einen Monat dauern wird. Dann muss der Arbeitgeber immer zunächst die Zustimmung des Betriebsrats einholen.

Das Zustimmungserfordernis ist im Übrigen unabhängig davon, ob die Beschäftigten nach ihrem Arbeitsvertrag verpflichtet sind, die zugewiesene neue Arbeit auszuüben oder nicht. Auch eine Passage in einem Arbeitsvertrag, wonach dem Arbeitnehmer auch andere zumutbare Tätigkeiten zugewiesen werden dürfen und dieser dann weiterhin zur Arbeitsleistung verpflichtet bleibt, ändert nichts an der Mitbestimmung des Betriebsrats.

Dieser bekommt dann zwar häufig das Argument des Arbeitgebers zu hören, dass die Betroffenen entweder der Weisung sowieso nachkommen müssten, oder aber mit dem neuen Arbeitsplatz einverstanden seien. Der Betriebsrat hat aber bei seiner Tätigkeit nicht nur die Interessen des zu Versetzenden im Auge, sondern auch diejenigen der anderen Kollegen. So muss er etwa beurteilen, ob die Versetzung, die Beschäftigungsverhältnisse anderer gefährdet oder eine Benachteiligung von Kollegen darstellt.

Nur in einem Fall ist die Zustimmung des Betriebsrats tatsächlich überflüssig, weil der Arbeitnehmer seiner Versetzung zugestimmt hat: Wenn sie von dem einen in einen anderen Betrieb erfolgt. Hierzu bedarf es keiner Zustimmung des Betriebsrats mehr, der in dem abgebenden Betrieb tätig ist. Etwas anderes gilt aber für den Betriebsrat, den die Beschäftigten in dem aufnehmenden Betrieb gewählt haben: Dessen Einverständnis zu dieser – aus seiner Perspektive – Einstellung braucht der Arbeitgeber selbstverständlich weiterhin.

3.4 Streit um personelle Einzelmaßnahmen

Zustimmung ist immer erforderlich

Gleich, worum es sich handelt, die Wirksamkeit einer Versetzung, Einstellung oder Eingruppierung für die einzelnen Beschäftigten hängt von der erteilten Zustimmung ab. Auch dann, wenn Arbeitnehmer sich mit ihrer Versetzung einverstanden erklären, ist diese rechtlich unverbindlich, wenn der Betriebsrat nicht vorher zugestimmt hat.

Unverbindlichkeit bedeutet hier, dass der Arbeitgeber verpflichtet ist, sie – ggf. nach Durchführung eines vom Betriebsrat angestrengten Gerichtsverfahrens – rückgängig zu machen. Ist auf dem Arbeitsplatz, auf den die rechtswidrige Versetzung erfolgte, nur ein geringeres Einkommen zu erzielen, weil hier Prämien oder Akkordsätze niedriger sind, kann die Nachzahlung dieses Differenzbetrags verlangt und durchgesetzt werden, wenn die Zustimmung des Betriebsrats fehlte. Die juristische Unwirksamkeit führt also zu erheblichen praktischen Konsequenzen.

In unserem Betrieb hat der Arbeitgeber bei der Versetzung der schwerbehinderten Kollegin den Betriebsrat nicht beteiligt. Anders verhält es sich bei den Monteuren: Hier liegt ein Antrag auf Erteilung der Zustimmung zu deren Einstellung vor.

Angemessene Reaktion des Betriebsrats

Beide Situationen kommen in der Praxis häufig vor. Die angemessene Reaktion des Betriebsrats richtet sich danach, ob es darum geht, die Wahrung seiner Mitbestimmungsrechte durchzusetzen, weil der Arbeitgeber ihn nicht beteiligt hat, oder ob er das vom Gesetz vorgesehene Mitbestimmungsverfahren durchläuft und dort keine Einigkeit erzielt wird.

Hat der Arbeitgeber die Mitbestimmungsrechte missachtet, wird es dem Betriebsrat vor allem darum gehen, die mitbestimmungswidrig durchgeführte Maßnahme rückgängig zu machen. Hier hieße das, die schwerbehinderte Kollegin an ihren alten Arbeitsplatz zurückzubringen. Nun verbietet das Betriebsverfassungsgesetz in § 77 Abs. 1 dem Betriebsrat, selbst die Initiative zu ergreifen und die Kollegin zurückzuschicken. Das wäre ein Eingriff in die Betriebsleitung.

Stattdessen muss ein Arbeitsgericht bemüht werden. Dort wird der Betriebsrat versuchen, eine Entscheidung zu bekommen, aus der sich ergibt, dass der Arbeitgeber verpflichtet ist, die Versetzung rückgängig zu machen. Dieses Verfahren ist in § 101 BetrVG beschrieben. Das Druckmittel, mit dem der Betriebsrat in dieser Situation arbeiten kann, ist eine gerichtliche Zwangsgeldandrohung für den Arbeitgeber, falls er trotz einer gerichtlichen Entscheidung die Versetzung aufrecht erhält.

Ausgesprochen problematisch ist es, hierfür eine einstweilige Verfügung (eine schnellere gerichtliche Entscheidung) zu bekommen. Die Arbeitsgerichte stellen sich auf den Standpunkt, es sei dem Betriebsrat zuzumuten, den viele Monate dauernden Ausgang des Verfahrens im normalen Ablauf abzuwarten. Allerdings heißt dies nicht, dass eine einstweilige Verfügung völlig ausgeschlossen wäre. Wenn, wie hier, Gefahr im Verzug ist, weil die schwerbehinderte Kollegin einer besonderen gesundheitlichen Belastung ausgesetzt ist, dürfte auch diese Möglichkeit bestehen. Ansonsten ist diese Form des Rechtsschutzes dann möglich, wenn bereits gerichtlich festgestellt wurde, dass eine personelle Maßnahme unter Verstoß gegen die Mitbestimmung gem. § 99 BetrVG ergriffen wurde und der Arbeitgeber gleichwohl daran festhält (BAG v. 23. 6. 2009 – 1 ABR 23/08).

Eine gewisse Modifikation des Verfahrens ergibt sich, wenn der Arbeitgeber geltend macht, es handele sich um eine vorläufige personelle Maßnahme, die auch ohne vorherige Zustimmung des Betriebsrats durchgeführt werden kann. § 100 BetrVG eröffnet diese Möglichkeit. Hier kommt es dann vor allem darauf an, schnell zu reagieren und unverzüglich zu bestreiten, dass ein derartiges Erfordernis aus sachlichen Gründen tatsächlich besteht.

Anders sieht es aus, wenn der Arbeitgeber sich wie bei seiner Bitte um Zustimmung zur Einstellung der Monteure an seine Verpflichtung nach dem Gesetz hält und den Betriebsrat ordnungsgemäß um Zustimmung bittet. Die erste Hürde, an der viele Gremien scheitern, die die Zustimmung zu der Maßnahme verweigern wollen, ist die Rechtzeitigkeit der Reaktion. Gem. § 99 Abs. 3 BetrVG muss die Verweigerung der Zustimmung innerhalb einer Woche erklärt sein und außerdem schriftlich erfolgen. Während also der Arbeitgeber durchaus der Betriebsratsvorsitzenden auf dem Flur beiläufig mitteilen kann, dass er eine bestimmte personelle Maßnahme beabsichtigt, muss der Betriebsrat sich immer an Form und Frist bei der Zustimmungsverweigerung halten. Andernfalls gilt die Zustimmung als erteilt. Schweigen ist hier also nicht Gold, sondern Mist.

Allerdings ist es mit der bloßen Mitteilung, die Zustimmung werde verweigert, auch noch nicht getan. Vielmehr verlangt § 99 Abs. 2 BetrVG, dass einer der dort genannten Gründe für die Zustimmungsverweigerung angeführt wird. Diese Gründe ähneln denjenigen, die für den Widerspruch gegen eine Kündigung vorgesehen sind. Im Einzelnen sind es Folgende:

3.5 Rechtsverstoß

Die Maßnahme verstößt gegen ein Gesetz, eine Verordnung, eine Unfallverhütungsvorschrift oder gegen eine Bestimmung in einem Tarifvertrag oder in einer Betriebsvereinbarung oder gegen eine gerichtliche Entscheidung oder behördliche Anordnung (§ 99 Abs. 2 Nr. 1 BetrVG).

Etwas verständlicher lässt sich diese Vorschrift so fassen:

Existiert eine für den Arbeitgeber verbindliche Regelung, die die personelle Maßnahme verbietet, darf der Betriebsrat auch die Zustimmung verweigern. Berücksichtigt werden dabei alle Vorschriften und Festlegungen mit Ausnahme des Arbeitsvertrags. Dessen Einhaltung soll der Betriebsrat gerade nicht überwachen.

Zustimmungs-
verweige-
rungsgrund
bei Ein- und
Umgruppierun-
gen Dieser Zustimmungsverweigerungsgrund spielt vor allem eine Rolle bei Ein- und Umgruppierungen, wenn Betriebsrat und Arbeitgeber unterschiedlicher Ansicht über die richtige Eingruppierung sind. Dann wird der Betriebsrat seine Begründung hierauf stützen.

Bei der Einstellung der beiden Monteure müsste also eine Vorschrift gesucht werden, die gerade deren Eingliederung in den Betrieb für unzulässig erklärt.

So etwas kommt ausgesprochen selten vor. Ein Beispiel findet sich in § 5 Jugendarbeitsschutzgesetz. Danach ist die Beschäftigung von Personen unter 14 Jahren auf einem Arbeitsplatz wie dem eines Monteurs verboten. Das Beispiel mag weit hergeholt sein, ist es aber vor allem deshalb, weil es kaum Regelwerke gibt, die wirklich die Beschäftigung bestimmter Personen verhindern sollen. Gesetze, Unfallverhütungsvorschriften oder Tarifverträge legen Bedingungen fest, die im Rahmen des Arbeitsverhältnisses einzuhalten sind, wollen aber keine Verbote gegen die Beschäftigung von Arbeitssuchenden errichten. Darüber hinaus lässt das Bundesarbeitsgericht die Zustimmungsverweigerung mit dieser Begründung auch dann zu, wenn nur auf diese Weise der Gesetzeszweck, der mit dem Verbot beabsichtigt ist, zu erreichen ist. Wenn etwa der Arbeitgeber bei der Einstellung seiner gesetzlichen Pflicht aus § 81 SGB IX nicht nachkommt, zu überprüfen, ob auch schwerbehinderte Bewerber für die Stelle in Frage kommen, kann der Betriebsrat die Verweigerung der Zustimmung auf genau diesen Verstoß stützen (BAG v. 23. 6. 2010 – 1 ABR 3/09).

Der Verstoß gegen Bestimmungen wie etwa eine Arbeitszeit- oder Vergütungsregelung löst aber gerade kein Verbot einer Beschäftigung aus. Betriebsräte können also die Zustimmungsverweigerung aus dem zitierten Grund nicht auf das Argument stützen, die tariflichen Rechte seien durch den Arbeitsvertrag außer Kraft gesetzt und die Maßnahme verstoße daher gegen den Tarifvertrag. Nicht die Eingliederung, sondern die spätere Ausgestaltung des Arbeitsverhältnisses verstößt gegen den Tarifvertrag. Hier ist es allemal besser, wenn die Beschäftigten zunächst in den Betrieb hineingelassen werden und sich dann dort ihre Rechte erkämpfen können, statt ihnen den Zugang zum Betrieb zu verbauen, weil der Arbeitgeber sie nicht tarifgemäß bezahlen will. Dies wäre eine doppelte Benachteiligung.

3.5.1 Missachtung einer Auswahlrichtlinie

Der Betriebsrat kann die Zustimmung weiterhin verweigern, wenn die Maßnahme gegen eine Auswahlrichtlinie verstößt (§ 99 Abs. 2 Nr. 2 BetrVG).

Auswahlrichtlinien werden auf betrieblicher Ebene – zumeist – durch Betriebsvereinbarung geschaffen. Hierzu gehören etwa Regelungen über

- die bevorzugte Einstellung von Frauen, sofern diese im entsprechenden Berufsbild unterrepräsentiert sind und die gleiche Qualifikation wie ihre männlichen Mitbewerber haben oder
- die bevorzugte Berücksichtigung Betriebsangehöriger bei der Besetzung von offenen Stellen gegenüber externen Bewerber oder
- die Anforderungen an Bewerber hinsichtlich fachlicher, persönlicher und sozialer Kriterien.

… bei Verstößen gegen Auswahlrichtlinien

Existiert eine derartige Übereinkunft, ist der Arbeitgeber hieran gebunden. Hätte also unser Betriebsrat mit ihm vereinbart, dass freie Monteurstellen zunächst mit qualifizierten betriebsangehörigen Bewerber zu besetzen sind, könnte er unter Verweis auf § 99 Abs. 1 Nr. 2 BetrVG die Zustimmung zur personellen Maßnahme verweigern, wenn solche sich für die Jobs interessieren.

3.5.2 Benachteiligung anderer Beschäftigter

Der dritte Zustimmungsverweigerungsgrund ist

„die durch Tatsachen begründete Besorgnis, dass infolge der personellen Maßnahme im Betrieb beschäftigte Arbeitnehmer gekündigt werden oder sonstige Nachteile erleiden, ohne dass dies aus betrieblichen oder persönlichen Gründen gerechtfertigt ist. Als Nachteil gilt bei unbefristeter Einstellung auch die Nichtberücksichtigung eines gleich geeigneten befristet Beschäftigten" (§ 99 Abs. 2 Nr. 3 BetrVG).

… bei Nachteilen für im Betrieb beschäftigte Arbeitnehmer

Dieses Argument wird in vielen Fällen von den Betriebsräten zielsicher angesteuert. Insbesondere wenn es um Beförderungen geht, halten sie dem Arbeitgeber vor, diejenigen Personen, die die Beförderungsstelle nicht bekommen haben, seien durch die Maßnahme benachteiligt. Dies ist jedoch gerade nicht der Fall. Nach der Rechtsprechung ist mit „Nachteilen" nicht die entgangene Aussicht auf eine Besserstellung, sondern nur eine konkrete Schlechterstellung gemeint. Bleibt für den Bewerber hinterher alles beim Alten, entsteht also auch kein Nachteil. Eine solche Gefahr der Schlechterstellung in unserem Fall wäre es, wenn laut Personalplanung des Arbeitgebers lediglich vier Monteure benötigt würden und alle diese Stellen besetzt wären. Dann könnte die Einstellung zweier neuer Monteure zu einer Verdrängung derjenigen führen, die derzeit diese Arbeitsplätze innehaben. Dies gilt zumindest so lange, wie der Arbeitgeber nicht eine Ausweitung des entsprechenden Personalbedarfs mitgeteilt hat.

3.5.3 Benachteiligung des Betroffenen

... bei Nachteilen für den Betroffenen

Eine weitere Möglichkeit, die Zustimmung zu verweigern, besteht wenn der Betriebsrat der Ansicht ist, dass die Maßnahme eine Benachteiligung der von ihr betroffenen Personen darstellt, *„ohne dass dies aus betrieblichen oder in der Person des Arbeitnehmers liegenden Gründen gerechtfertigt ist"* (§ 99 Abs. 2 Nr. 4 BetrVG).

Solange es sich um eine Einstellung handelt, können die Personen, die davon betroffen sind, hierdurch keine Nachteile erleiden. Insbesondere ist es kein in der Einstellung liegender Nachteil, wenn die Arbeitsbedingungen untertariflich vereinbart werden.

Dieser Zustimmungsverweigerungsgrund kommt beispielsweise dann zum Zuge, wenn ein Beschäftigter ohne sachlichen Grund auf eine niedriger dotierte Stelle versetzt werden soll. Eine solche Strafversetzung ist nicht zulässig. Der Betriebsrat kann hier also die Benachteiligung der Person als Grund für die Zustimmungsverweigerung anführen.

3.5.4 Unterlassene Ausschreibung

Nicht nur der Verstoß gegen eine Richtlinie bei der Auswahl der Personen ist ein Zustimmungsverweigerungsgrund, sondern auch

die nicht erfolgte Ausschreibung für eine freie Stelle im Betrieb, wenn dies vom Betriebsrat verlangt wurde (§ 99 Abs. 2 Nr. 5 BetrVG).

Der Arbeitgeber ist gem. § 93 BetrVG verpflichtet, alle offenen Stellen innerbetrieblich auszuschreiben, aber nur, wenn der Betriebsrat dies von ihm verlangt hat. Wenn diese Ausschreibung dann bei den Monteurstellen unterblieben ist, kommt es nicht darauf an, ob überhaupt innerbetriebliche Bewerber für diese Position vorhanden gewesen wären. Allein der Umstand, dass die Ausschreibung unterblieben ist, wäre ein Grund zur Verweigerung der Zustimmung.

3.5.5 Störendes Verhalten

Schließlich gibt es als sechsten Grund der Ablehnung einer personellen Maßnahme noch die Besorgnis,

„dass der (...) in Aussicht genommene Bewerber oder Arbeitnehmer den Betriebsfrieden durch gesetzwidriges Verhalten oder durch grobe Verletzung der in § 75 Abs. 1 BetrVG enthaltenen Grundsätze stören werden" (§ 99 Abs. 2 Nr. 6 BetrVG).

Diese Besorgnis muss allerdings durch Tatsachen begründet sein. Damit soll vermieden werden, dass bloße Ressentiments den Ausschlag geben.

Auch hier handelt es sich um einen Zustimmungsverweigerungsgrund, der nur in den seltensten Fällen vorliegt. Zu denken ist etwa an die Versetzung eines als Rassisten bekannten Vorgesetzten in eine Abteilung, in der hauptsächlich ausländische Beschäftigte tätig sind, oder eines schon des Öfteren durch sexistisches Verhalten aufgefallen Mannes, der zum Vorgesetzten einer vorwiegend aus Frauen bestehenden Gruppe befördert werden soll.

3.6 Die Durchsetzung

Will der Betriebsrat die Zustimmung verweigern, so muss er neben der Form und der Frist auf zwei Dinge achten:

- Die schriftliche Stellungnahme muss denjenigen Zustimmungsverweigerungsgrund, auf den er sich beziehen will, genau benennen. Dabei reicht es nicht aus, lediglich den Wortlaut des § 99 Abs. 2 BetrVG zu wiederholen, vielmehr muss der Sachverhalt kurz dargestellt werden, aus dem sich der Grund ergibt,

und

- es darf nicht völlig ausgeschlossen sein, dass dieser Grund auch tatsächlich vorliegt.

Voraussetzungen für die Zustimmungsverweigerung

Ziel des Betriebsrats in einer solchen Situation wird es sein, den Arbeitgeber zunächst daran zu hindern, sein Vorhaben in die Tat umzusetzen. Um diese Folge zu erzielen, ist vor allem ein formell sauberes Vorgehen wichtig. Im Vordergrund steht nicht so sehr die Frage danach, ob die vorgebrachten Gründe letztendlich auch arbeitsgerichtlich bestätigt werden. Der Arbeitgeber darf die Maßnahme bereits dann nicht umsetzen, wenn der Betriebsrat nur in förmlicher

Hinsicht den Anforderungen des § 99 BetrVG genügt. Hat er also den Zustimmungsverweigerungsgrund, auf den er sich berufen will, benannt und begründet, warum dieser vorliegt, ist der Arbeitgeber an der Umsetzung rechtlich gehindert. Er kann sich dann allenfalls noch auf eine besondere Dringlichkeit berufen, die ihm gem. § 100 BetrVG das Recht gibt, auch ohne Zustimmung des Betriebsrats tätig zu werden. Bestreitet der Betriebsrat allerdings diese Dringlichkeit, muss der Arbeitgeber sofort zum Arbeitsgericht, um sich die Maßnahme dort genehmigen zu lassen.

Ersetzung der Zustimmung

Ob der Betriebsrat mit seiner Begründung auch tatsächlich Recht hat, ob also etwa das gesetzliche Verbot der Einstellung wirklich besteht, spielt für die Frage, ob der Arbeitgeber tätig werden darf, zunächst keine Rolle. Hierüber muss später ein Arbeitsgericht befinden. Kommt es zu dem Ergebnis, dass der Zustimmungsverweigerungsgrund nicht vorlag, ersetzt es die Zustimmung des Betriebsrats. Da ein solches Verfahren allerdings in aller Regel zumindest mehrere Monate dauert, besteht hier ein erheblicher Druck für den Arbeitgeber, sich doch noch mit dem Betriebsrat auf ein Verfahren zu einigen, wie mit der Situation umgegangen werden soll. Häufig kommt es dann zu regelrechten „Tauschgeschäften", bei denen der Arbeitgeber Wünsche des Betriebsrats erfüllt, die nichts mit dem konkreten Vorgang zu tun haben, um das Verfahren schnell zu beenden.

Vor allem diesem Umstand ist es zu verdanken, dass in der Praxis das Mitbestimmungsrecht nach § 99 BetrVG – wenn es denn richtig wahrgenommen wird – die Verhandlungsposition des Betriebsrats erheblich erweitert. Der Arbeitgeber ist auf den Betriebsrat angewiesen, wenn er reibungslos seine personellen Vorstellungen umsetzen will. Damit handelt es sich hier um ein wirksames Mitbestimmungsrecht, das zudem noch in der Praxis deshalb eine große Bedeutung hat, weil diese Maßnahmen ständig im Betrieb vorkommen. Hier lohnt es sich also, sauber zu arbeiten. (Weitergehende Informationen zu diesem Thema finden sich in der IG Metall-Handlungshilfe Nr. 12 „Die Rechte des BR bei personellen Einzelmaßnahmen".)

Zu beachten ist auch, dass ausschließlich das Arbeitsgericht, nicht aber die Einigungsstelle für die Entscheidung von Streitigkeiten über dieses Thema zuständig ist. Die Anrufung erfolgt durch den Betriebsrat, wenn der Arbeitgeber entweder ihn überhaupt nicht beteiligt hat oder trotz verweigerter Zustimmung sein Vorhaben umsetzt. Der Betriebsrat wird dann vom Arbeitsgericht eine Entscheidung haben wollen, die dem Arbeitgeber genau dies untersagt.

Arbeitgeber muss handeln

Der Arbeitgeber muss hingegen das Arbeitsgericht anrufen, wenn der Betriebsrat form- und fristgerecht die Zustimmung zu einer personellen Einzelmaßnahme verweigert hat und er sich rechtstreu verhalten will. In diesem Fall benötigt er eine arbeitsgerichtliche Entscheidung, die die fehlende Zustimmung des Betriebsrats ersetzt.

Gegen die Einstellung der Monteure könnte die Verweigerung z. B. so aussehen:

> **Muster für eine Zustimmungsverweigerung**
>
> Der Betriebsrat verweigert die Zustimmung zur Einstellung der beiden Monteure gem. § 99 Abs. 2 Nr. 3 und Nr. 5 BetrVG.
>
> Die mit dem Arbeitgeber abgestimmte Personalplanung weist lediglich vier Stellen für Monteure aus. Alle vier Stellen sind besetzt. Daher besteht die Gefahr, dass durch die jetzige Einstellung zweier weiterer Monteure die Arbeitsverhältnisse von zwei Kollegen gefährdet werden.
>
> Im Übrigen hat der Betriebsrat den Arbeitgeber aufgefordert, alle offenen Stellen zunächst innerbetrieblich auszuschreiben. Dies ist im Falle der beiden Monteurstellen nicht erfolgt.
>
> Unterschrift

Bezüglich der schwerbehinderten Kollegin dagegen nützt dies nichts mehr. Hier wurde bereits gegen die Mitbestimmungsrechte des Betriebsrats verstoßen. Er sollte daher dem Arbeitgeber allenfalls noch eine kurze Frist setzen, innerhalb derer die Arbeitnehmerin auf ihren richtigen Arbeitsplatz zurückkehren kann. Passiert das nicht, bleibt dem Betriebsrat nur der Gang zum Arbeitsgericht mit dem Ziel, den Arbeitgeber zu zwingen, die Versetzung rückgängig zu machen. In dringenden Fällen wie diesem, empfiehlt sich zusätzlich ein Antrag auf Erlass einer einstweiligen Verfügung, um die Kollegin noch vor Durchführung eines möglicherweise langwierigen Rechtsstreits von dem sie belastenden Arbeitsplatz zurückzuholen.

4.   Erzwingbare Mitbestimmungsrechte

Auf der obersten Stufe unserer Mitbestimmungsskala befinden sich die erzwingbaren Mitbestimmungs- oder Initiativrechte. Ihre Besonderheit besteht darin, dass der Betriebsrat hier nicht nur auf die Anliegen des Arbeitgebers reagieren, sondern auch selbst agieren kann. Ein Vorschlag in einer Mitbestimmungsangelegenheit ist im besten Fall auch durchsetzbar.

Betriebsrat kann Initiative ergreifen

Dabei muss allerdings vor Illusionen gewarnt werden: Erzwingbar ist nur das Mitbestimmungsverfahren, nicht aber das Ergebnis.

Der Betriebsrat, der es für richtig hält, als Alternative zu Entlassungen Kurzarbeit durchzusetzen, kann, wenn er sich nicht mit dem Arbeitgeber hierüber einigt, eine Entscheidung durch die Einigungsstelle herbeiführen. Die Einigungsstelle ist dann befugt, eine Regelung für den Betrieb in Kraft zu setzen. Ob die sich allerdings für Kurzarbeit oder

dagegen ausspricht, steht nicht von vornherein fest. Da der Betriebsrat jedoch über seine Beisitzer an der Entscheidungsfindung beteiligt
ist, kann er zumindest argumentativ darauf hinwirken, dass sein Vorschlag umgesetzt wird. Nur: Eine Garantie für das Ergebnis in der Einigungsstelle gibt es nicht.

Die erzwingbaren Mitbestimmungsrechte unterscheiden sich hinsichtlich der Möglichkeiten des Betriebsrats, Initiativen zu ergreifen, auch
untereinander in einem wichtigen Punkt: Häufig ist es zunächst der
Arbeitgeber, der Vorgaben machen muss, etwa in Form einer freiwilligen Lohnzulage. Nur in diesem Rahmen bestehen dann die Mitbestimmungsrechte. Der Betriebsrat kann trotz seines Mitbestimmungsrechts
nicht erreichen, dass es eine solche Zahlung überhaupt erst geben soll.
Dies gilt es, bei der nachfolgenden Aufstellung jeweils zu beachten.

Wie schon weiter vorne erwähnt, stehen die wichtigsten erzwingbaren Mitbestimmungsrechte in § 87 Abs. 1 BetrVG. Dort finden sich
jedoch keineswegs alle. Insbesondere im Bereich der Berufsbildung
hat der Betriebsrat sehr weitgehende Möglichkeiten die Entscheidungen des Arbeitgebers darüber zu beeinflussen, wer an welchen
Qualifizierungen teilnimmt und – bei betrieblicher Berufsbildung – was
deren Inhalte sein sollen. Diese Rechte finden sich in den §§ 97 und
98 BetrVG. Gem. § 97 Abs. 2 BetrVG lassen sich bei Änderungen der
Arbeitsinhalte solche Qualifizierungsmaßnahmen auch gegen den Willen des Arbeitgebers durchsetzen.

§ 87 BetrVG enthält zu folgenden Sachverhalten Mitbestimmungsrechte, die allerdings alle unter dem Vorbehalt stehen, dass die Angelegenheit für den Betrieb nicht bereits verbindlich durch Tarifvertrag
oder Gesetz geregelt ist. Hierzu kommen wir später.

4.1 Fragen der Ordnung des Betriebs und des Verhaltens der Arbeitnehmer im Betrieb (§ 87 Abs. 1 Nr. 1 BetrVG)

**Mitbestim-
mungsrecht
einschlägig**

Hierdurch sind etwa Anordnungen des Arbeitgebers zur Taschenkontrolle am Betriebstor oder zur Bedienung einer Zeiterfassungsanlage
der Mitbestimmung unterworfen. Das Mitbestimmungsrecht ist immer
dann einschlägig, wenn es nicht um Verhaltensweisen geht, die die
eigentliche Arbeitsleistung betreffen. Am Beispiel eines Kellners wird
dieser Unterschied sehr schnell deutlich:

Ob dieser beim Servieren einen, zwei oder mehr Teller auf einmal trägt
und diese grundsätzlich von rechts anreicht, betrifft die eigentliche
Arbeitsleistung, nämlich die Bedienung von Kunden. Ob er dagegen
im feinen Zwirn oder in lässigen Jeans auftritt, hat nichts mit dieser
vertraglichen Hauptpflicht zu tun. Dies ist typisches Ordnungsverhalten, bei dem dem Betriebsrat ein Mitbestimmungsrecht zusteht, wenn
hier Vorgaben gemacht werden sollen.

In Fragen der betrieblichen Ordnung besteht auch ein vollständig erzwingbares Mitbestimmungsrecht. Der Betriebsrat kann also selbst die Initiative für eine spezielle Betriebstracht(-uniform) ergreifen und diese auch durchsetzen, wenn er die Einigungsstelle überzeugt. Er ist nicht nur darauf angewiesen, die Überlegungen des Arbeitgebers auszugestalten. Sicherlich bedeutsamer in der Praxis sind Anordnungen wie etwa die Bedienung einer Stempeluhr oder die Duldung einer Taschenkontrolle am Werkstor. Ohne vorherige Zustimmung des Betriebsrats ist kein Mitarbeiter verpflichtet, sich solchen Weisungen zu fügen.

4.2 Regelungen über Beginn und Ende der täglichen Arbeitszeit, der Lage der Pausen und der Verteilung der Arbeitszeit auf die einzelnen Wochentage und die vorübergehende Verkürzung oder Verlängerung der betriebsüblichen Arbeitszeit (§ 87 Abs. 1 Nrn. 2, 3 BetrVG)

Der Gesetzgeber hat aus der Mitbestimmung bei der Gestaltung der Arbeitszeit zwei Vorschriften in § 87 Abs. 1 Nr. 2 und 3 BetrVG gemacht. Angesichts des Zusammenhangs der Arbeitszeitthemen ist es für   Betriebsräte weniger bedeutsam, wo genau die feinen Unterschiede zwischen vorübergehender Verkürzung oder Verlängerung und Verteilung der Arbeitszeit auf die einzelnen Wochentage liegen. In der Praxis gehen beide Mitbestimmungsrechte ineinander über. Diskussionen mit dem Arbeitgeber, ob das jeweilige Mitbestimmungsbegehren auf den einen oder anderen Teil des Paragraphen zu stützen ist, sind müßig. Meistens handelt es sich um reine Ablenkungsmanöver.

Praktisch alle Entscheidungen über die Arbeitszeit unterliegen damit der erzwingbaren Mitbestimmung, allerdings mit einer wesentlichen Ausnahme: Die Dauer der individuellen Regelarbeitszeit, also der Zeitspanne pro Woche, Monat oder Jahr, die als Gegenleistung für die Vergütung zu arbeiten ist. Diese wird in der Regel durch Tarif- oder Einzelarbeitsvertrag festgelegt und kann im Rahmen des Mitbestimmungsverfahrens nicht verändert werden.

Der Mitbestimmung unterliegen allerdings solche Themen wie

- ungleichmäßige Verteilung der Arbeitszeit auf die Wochentage oder sogar Wochen;
- Einführung und Ausgestaltung von Schichtsystemen;
- Einführung von Freischichten zur Arbeitszeitverkürzung, wenn diese tarifvertraglich vorgesehen sind;
- Lage und Aufteilung von Pausen;
- Einbeziehung des Samstags in die Arbeitswoche;
- Einführung und Abschaffung von Gleitzeit;
- Einführung und Abschaffung von Kurzarbeit sowie
- Anordnung von Überstunden.

Der Mitbestimmung zugrunde liegende Themen

Da sich das Mitbestimmungsrecht aus § 87 BetrVG ergibt, hat der Betriebsrat auch in allen Bereichen ein Initiativrecht. Der Arbeitgeber kann sich den Initiativen des Betriebsrats nicht entziehen. Scheitern solche Verhandlungen, entscheidet die Einigungsstelle über die Anliegen des Betriebsrats.

4.3 Zeit, Ort und Auszahlung der Arbeitsentgelte (§ 87 Abs. 1 Nr. 4 BetrVG)

Dieses Mitbestimmungsrecht führt inzwischen eher ein Schattendasein. Hochkonjunktur hatte es, als die Umstellung von der Barzahlung auf die Überweisung der Vergütung auf Girokonten erfolgte. Seinerzeit wurden mit diesem Mitbestimmungsrecht Regelungen zur Einführung einer Freistunde durchgesetzt, um das Geld vom Girokonto abzuholen. Häufig wurden auch Arbeitgeber zur anteiligen Erstattung der Kontoführungsgebühren verpflichtet, da nun jeder Mitarbeiter auf dessen Veranlassung ein Girokonto einzurichten hatte. Derartige Kontostunden und Gebührenerstattungen sind inzwischen jedoch weitestgehend von der Bildfläche verschwunden.

Von Interesse ist die Vorschrift allerdings noch hinsichtlich der Frage, an welchem Tag die Überweisung erfolgen soll. In vielen Betrieben kommen Löhne so spät, dass sie fast schon als zinsloser Kredit für den Arbeitgeber anzusehen sind. Auch hier kann der Betriebsrat die Initiative ergreifen und sich mit seiner Forderung nach einer früheren Auszahlung gegen den Arbeitgeber behaupten – wenn die Einigungsstelle mitmacht.

4.4 Aufstellung allgemeiner Urlaubsgrundsätze und des Urlaubsplanes und im Streitfall die Festlegung der zeitlichen Lage des Urlaubs für einzelne Beschäftigte (§ 87 Abs. 1 Nr. 5 BetrVG)

Grundsätzlich sollen die Mitbestimmungsrechte nur Angelegenheiten regeln, die zumindest mehrere Beschäftigte, nicht aber nur einzelne Arbeitnehmer betreffen. Das ist bei diesem Mitbestimmungsrecht anders: Hier kann das Mitbestimmungsverfahren sogar zur Entscheidung über einen Streit zwischen Arbeitgeber und einzelnen Beschäftigten eingesetzt werden, wenn die sich nicht darüber einigen können, wann der Jahresurlaub – oder Teile davon – genommen wird.

Im Übrigen ist es bezogen auf Sachverhalte wie:

● Betriebsferien,
● Verfahren zur Anmeldung und Bewilligung des Urlaubs sowie
● Verbindlichkeit von Urlaubsplänen.

Mit Urlaub nach dieser Vorschrift ist sowohl der Erholungsurlaub nach Gesetz, Arbeitsvertrag oder Tarifvertrag gemeint, als auch Sonderformen des Urlaubs wie etwa Freistellung für Bildungsmaßnahmen oder

der Zusatzurlaub für Schwerbehinderte. Auch die Freistellung zum Ausgleich für Mehrarbeit kann auf diese Weise – zusätzlich zum Mitbestimmungsrecht nach § 87 Abs. 1 Nr. 2 BetrVG – Gegenstand des Mitbestimmungsverfahrens werden.

Eigentlich gilt das Mitbestimmungsrecht auch für die Einräumung von Bildungsurlaub nach den Bildungsurlaubsgesetzen der Länder. Allerdings sind diese in ihrem Verfahren so weitgehend durchstrukturiert, dass hier kein Raum mehr für eine betriebliche Regelung bleibt. Deshalb spielt das Mitbestimmungsrecht beim gesetzlichen Bildungsurlaub praktisch keine Rolle.

Existiert in einem Unternehmen kein Urlaubsplan oder wird hiervon laufend abgewichen, kann der Betriebsrat das Mitbestimmungsrecht nutzen, um Klarheit über dessen Verbindlichkeit zu schaffen. Es ist also sowohl hinsichtlich der Einführung des Urlaubsplans als auch dessen Ausgestaltung ein vollständiges Initiativrecht.

4.5 Die Einführung und Anwendung von technischen Einrichtungen, die dazu bestimmt sind, Verhalten und Leistung der Beschäftigten zu überwachen (§ 87 Abs. 1 Nr. 6 BetrVG)

Dieses Mitbestimmungsrecht erfasst den gesamten Bereich der offenen und auch verdeckten Überwachungsmöglichkeiten, soweit für sie ein technisches Gerät eingesetzt wird. Dieser besondere Aspekt muss immer gegeben sein: Erfassung und/oder Auswertung der Erkenntnisse erfolgen unter Einsatz technischer Gerätschaften.

Ohne weiteres trifft dies für Überwachungskameras, Zeiterfassungsgeräte oder Zählwerke zu, die den Produktionsausstoß der Arbeitnehmer messen.

Während im ersten Mitbestimmungstatbestand (Ordnungsverhalten) noch eine strikte Trennung zwischen dem eigentlichen – mitbestimmungsfreien – Leistungsverhalten und dem – mitbestimmungspflichtigen – Ordnungsverhalten existierte, gilt diese Grenze für den Bereich der technischen Überwachung nicht: Hier ist die Installation aller Überwachungseinrichtungen, egal ob sie die Produktivität oder aber das Ordnungsverhalten betreffen, gleichermaßen mitbestimmungspflichtig.

Bei der technischen Überwachung ist alles mitbestimmungspflichtig

Dem Mitbestimmungsrecht unterfällt neben dem Vorgang der Sammlung von entsprechenden Daten auch die Verarbeitung. Werden also etwa die Leistungsdaten per Hand aufgenommen und später mittels Computerprogramm ausgewertet, so ist auch hierin eine technische Überwachungseinrichtung zu sehen.

Überhaupt hat das Mitbestimmungsrecht in § 87 Abs. 1 Nr. 6 BetrVG durch die weit gehende Computerisierung der Betriebe eine erhebliche Bedeutung erfahren. Praktisch überall dort, wo – auch im Hintergrund – eine elektronische Datenverarbeitung mitläuft, kommt das Mitbestimmungsrecht zum Zuge. So ist etwa jede Fernsprechanlage ohne Weiteres in der Lage, Daten über das Telefonierverhalten aufzuzeichnen und daraus Rückschlüsse auf Arbeitnehmerverhalten zu ermöglichen. Damit ist die Telefonanlage eine technische Überwachungseinrichtung, auch dann, wenn der Arbeitgeber sich auf den Standpunkt stellt, er wolle diese Überwachungsfunktion überhaupt nicht einsetzen. Nach der Rechtsprechung ist es ausreichend, dass ein Gerät die Möglichkeit in sich birgt, als Überwachungseinrichtung eingesetzt zu werden (BAG v. 27.12.2001 – 1 ABR 7/03). Diese Voraussetzung erfüllt heute jedes Programm, so dass selbst der Einsatz von üblicher Office-Software, etwa „Word" und „Excel", vollständig mitbestimmungspflichtig ist.

Bundesarbeits-
gericht

Lange war es umstritten, ob dieses Mitbestimmungsrecht dem Betriebsrat auch ein echtes Initiativrecht gibt, etwa für die Einführung einer elektronischen Zeiterfassung. Eine ältere Entscheidung des Bundesarbeitsgerichts, die dies verneint hat (BAG v. 28.11.1989 – 1 ABR 97/88), ist zwar inzwischen durch einen neueren Beschluss (BAG v. 6.5.2003 – 1 ABR 13/02) und die Gesetzgebung (§ 16 Abs. 2 ArbZG) überholt, dies ist aber noch längst nicht von allen wahrgenommen. Deshalb stoßen Betriebsräte mit diesem Anliegen regelmäßig auf heftige Gegenwehr bei Arbeitgebern.

Hier zeigt sich aber, dass es für den Betriebsrat in der Regel nicht nötig ist, solche juristischen Streitigkeiten wirklich auszutragen. Er kann einfach seine Zustimmung zu einem flexibilisierten Arbeitszeitsystem davon abhängig machen, dass entsprechende Anlagen installiert werden. Durch eine Verknüpfung von Forderungen lässt sich auch dort, wo der Arbeitgeber bestreitet, dass ein Mitbestimmungsrecht besteht, mit entsprechendem Nachdruck ein Anliegen verfolgen.

4.6 Betriebliche Regelungen über die Verhütung von Arbeitsunfällen und Berufskrankheiten sowie über den Gesundheitsschutz im Rahmen der gesetzlichen Vorschriften oder Unfallverhütungsvorschriften (§ 87 Abs. 1 Nr. 7 BetrVG)

Arbeitsschutz –
ein komplexes
Thema

Arbeitsschutz ist in der Praxis zumeist kein Thema, bei dem sich Betriebsrat und Arbeitgeber über das Bestehen oder Nichtbestehen von Mitbestimmungsrechten streiten. Dies liegt allerdings nicht daran, dass in Sachen Arbeits- und Gesundheitsschutz in unserem Lande alles in bester Ordnung wäre. Das Thema für sich ist vielmehr ausgesprochen komplex und scheinbar nur von Fachleuten zu bewältigen. Die Vorschrift sagt zudem, dass das Mitbestimmungsrecht nur im Rahmen der gesetzlichen Vorschriften oder Unfallverhütungsvorschriften besteht.

Vorschriften über den Arbeitsschutz haben einen solchen Umfang angenommen, dass die Ansicht verbreitet ist, hier gebe es kaum noch Spielräume für betriebliche Regelungen. Dies ist jedoch gerade nicht so. Das folgende Beispiel belegt dies:

In § 5 des Arbeitsschutzgesetzes findet sich die Anweisung an den Arbeitgeber, jeden Arbeitsplatz zu analysieren und zu ermitteln, welche Gefährdungen von der Arbeit und der Umgebung dort ausgehen und welche Maßnahmen des Arbeitsschutzes erforderlich sind. In welcher Weise diese Beurteilung erfolgt, legt das Gesetz nicht fest. In der Praxis stellen sich aber Alternativen, wie etwa die vielfältigen, sich unterscheidenden Handlungsanleitungen der Berufsgenossenschaften zur Gefährdungsanalyse zeigen. Auch ist durch das Gesetz nicht vorgeschrieben, wer die Beurteilung innerbetrieblich durchführt.

Die betriebliche Umsetzung dieses Gesetzes lässt also weite Spielräume, deren Ausfüllung durch den Betriebsrat unter Inanspruchnahme des Mitbestimmungsrechts mitgestaltet werden kann. Vergleichbare Situationen gibt es in fast allen anderen Arbeitsschutzvorschriften auch: Diese sind keineswegs so abschließend, dass der Arbeitgeber sie lediglich noch umzusetzen hätte. Vielmehr ist immer die Frage nach dem anzuwendenden Verfahren zu klären. Solange es hier Alternativen gibt, ist das Mitbestimmungsrecht gegeben (BAG v. 8.6.2004 – 1 ABR 13/03).

Die Erzwingbarkeit der Mitbestimmung ist hier anders zu beurteilen als bei den anderen Mitbestimmungssachverhalten in dieser Vorschrift (Ordnungsverhalten, Arbeitszeit usw.). Die Existenz von Gesetzen und Verordnungen schließt es nicht aus, sondern ist im Gegenteil Voraussetzung für entsprechende Initiativen. Diese Normen bilden den Rahmen, innerhalb dessen der Betriebsrat tätig werden kann. Existieren solche nicht, wird es schwieriger.

Ist der Betriebsrat etwa der Ansicht, in seinem Betrieb seien Maßnahmen gegen bislang ungeklärte Gefährdungen wie etwa Elektrosmog notwendig, wird er hierzu weder Gesetze noch andere Regelwerke finden. Da sein erzwingbares Mitbestimmungsrecht gem. § 87 Abs. 1 Nr. 7 BetrVG diese aber braucht, ist der Elektrosmog unmittelbar für ihn hier kein Thema. Er kann ihn aber zum Thema im Rahmen der Gefährdungsanalyse nach dem Arbeitsschutzgesetz machen. Auf diesem Umweg hat er dann doch wieder die Möglichkeit, in diesen Spielräumen die Initiative zu ergreifen.

4.7 Form, Ausgestaltung und Verwaltung von Sozialeinrichtungen, deren Wirkungsbereich auf den Betrieb, das Unternehmen oder den Konzern beschränkt ist (§ 87 Abs. 1 Nr. 8 BetrVG)

Klassische Sozialeinrichtung – Kantine

Die klassische Sozialeinrichtung, bei der das Mitbestimmungsrecht besteht, ist die eigene Kantine. Hier kann – sofern jemand Interesse daran hat – sogar die Zusammensetzung der Speisen von der Zustimmung des Betriebsrats abhängig gemacht werden. Dies ist keineswegs so absurd, wie es sich zunächst anhört: Ob eine Kantine vor allem geschmacksneutrales Fertigfutter anbietet oder aber – auch – Speisen, die zumindest gesundheitlich unbedenklich sind, sollte durchaus im Blickfeld der Interessenvertretung liegen.

Allerdings haben viele Betriebe ihre eigenen Kantinen aufgelöst oder verselbständigt. Dann sind sie nicht mehr Einrichtungen des eigenen Arbeitgebers, sondern Fremdfirmen. In diesem Fall läuft das Mitbestimmungsrecht leer: Der Betriebsrat hat dann nur insoweit die Möglichkeit, auf das Verhalten, etwa die Preisgestaltung, dieses fremden Anbieters Einfluss zu nehmen, wie auch der AG sich hier Rechte gegenüber dem Kantinenpächter hat einräumen lassen. Deren Ausübung unterliegt dann wieder der Mitbestimmung.

Zweckmäßig ist es, Fragestellungen wie diejenige, ob eine Salattheke ausgestellt werden soll oder nicht, nicht im gesamten Betriebsrat zu behandeln, sondern hierfür gegebenenfalls einen gemeinsamen Ausschuss mit dem Arbeitgeber zu bilden.

Der Grundsatz, dass es sich um einen Eigenbetrieb des Arbeitgebers handeln muss, damit der Betriebsrat mitbestimmen kann, trifft auch für alle anderen Sozialeinrichtungen zu. Gleich ob es sich hierbei um Fortbildungseinrichtungen, Sportanlagen und Kindergärten oder Pensionskassen handelt: Immer muss der Arbeitgeber es selbst sein, der diese Einrichtung führt. Er darf hierzu zwar auch eine eigene Gesellschaft gründen, diese muss aber unter seiner Regie stehen. Es muss sich um ein „zweckgebundenes Sondervermögen" handeln, die Sozialeinrichtung muss also selbstständig wirtschaften (BAG v. 8.11.2011 – 1 ABR 37/10). Auch ist es wichtig, dass der Arbeitgeber die Einrichtung zunächst mal zum Zwecke der Bedienung der eigenen Beschäftigten eingerichtet hat und nicht vor allem damit am Markt auftreten will. So ist etwa das Restaurant eines Hotels keineswegs eine Sozialeinrichtung, auch wenn die Beschäftigten dort zu verbilligten Preisen oder gar umsonst essen können. Der Zweck des Restaurants ist vielmehr, Kunden von außerhalb des Unternehmens zu bedienen.

Auch bei diesem Mitbestimmungsrecht ist die Frage nach seiner Reichweite schnell beantwortet. Die Vorschrift sagt selbst, dass nur die Form, Ausgestaltung und Verwaltung der Sozialeinrichtungen dem Mitbestimmungsrecht unterliegen. Sofern der Arbeitgeber Sozialeinrichtungen schließen oder gar nicht eröffnen will, besteht auch keine Möglichkeit, ein anderes Verhalten zu erzwingen. Existiert hingegen die Sozialeinrichtung, kann der Betriebsrat seine Initiativen auch durchsetzen.

4.8 Zuweisung und Kündigung von Wohnräumen, die mit Rücksicht auf das Bestehen des Arbeitsverhältnisses vermietet werden, sowie die allgemeine Festlegung von Nutzungsbedingungen (§ 87 Abs. 1 Nr. 9 BetrVG)

Die Fälle, in denen der Arbeitgeber selbst Wohnräume für die Beschäftigten bereithält, sind selten geworden. Dort, wo solche Dienst- oder Werkswohnungen noch existieren, erstreckt sich das Mitbestimmungsrecht wieder auf die Fragen der Ausgestaltung. Hierzu zählt vor allem im Falle eines Konflikts zwischen mehreren Bewerbern, die Entscheidung darüber, wer im Einzelfall bevorrechtigte Ansprüche auf Zuteilung einer Werkswohnung hat. Dieses Mitbestimmungsrecht kann für Einzelfälle ebenso ausgeübt werden, wie durch Schaffung genereller Richtlinien, die etwa eine Auswahl nach sozialen Kriterien zwischen mehreren Interessenten vorsehen.

Ebenfalls mitbestimmungspflichtig ist die Festsetzung der Miethöhe oder der Regelung von allgemeinen Nutzungsbedingungen, also von Hausordnungen oder ähnlichem.

Dieses Mitbestimmungsrecht spielt angesichts der wirtschaftlichen Entwicklungen nur noch eine untergeordnete Rolle. Dort, wo es noch ausgeübt wird, ist es zumeist in gemeinsame Ausschüsse verlagert. Allerdings muss im Einzelfall immer kritisch geprüft werden, ob die Ausgliederung der ehemaligen Werkswohnungen in eigenständige Gesellschaften tatsächlich das Mitbestimmungsrecht beseitigt. Manchmal gründet der Arbeitgeber hierfür nur eigene Tochterunternehmen, die aber weiter unter seiner Regie arbeiten. In diesem Fall ist es möglich und auch sinnvoll, Regelungen zu erarbeiten, wie auf diese abhängigen Firmen eingewirkt werden kann. Schließlich ist durch die bloße rechtliche Verselbständigung an der Zweckbestimmung des Wohnraumes und damit der Notwendigkeit der Ausübung von Mitbestimmungsrechten nichts geändert worden.

Auch hier besteht das erzwingbare Mitbestimmungsrecht nur im Rahmen der vom Arbeitgeber geschaffenen Voraussetzungen. Will dieser seinen Wohnungsbestand veräußern oder überhaupt keine Werkswohnungen zur Verfügung stellen, lässt sich diese Entscheidung auch nicht im Mitbestimmungsverfahren beeinflussen.

4.9 Fragen der betrieblichen Lohngestaltung, der Aufstellung von Entlohnungsgrundsätzen und die Einführung und Anwendung von neuen Entlohnungsmethoden sowie deren Änderung (§ 87 Abs. 1 Nr. 10 BetrVG)

Entlohnungsgrundsätze sind ein klassisches Feld der Tarifverträge. Dort werden in der Regel Gruppen definiert, in die alle Beschäftigten nach ihrem Tätigkeitsbild einzuordnen sind. Aus der nach § 99 BetrVG mitbestimmungspflichtigen Zuordnung zu einer bestimmten Vergütungsgruppe ergibt sich dann nach dem Vergütungstarifvertrag das monatliche Grundeinkommen.

Damit ist das Thema allerdings für den Betriebsrat nicht erledigt. In vielen Fällen gibt es neben den tariflichen Ansprüchen auch noch mehr oder weniger freiwillige Zulagen, die der Arbeitgeber zahlt. Das Mitbestimmungsrecht ist auf Grund des Bestehens des Tarifvertrages nur bei den durch Tarifvertrag geregelten Ansprüchen, also vor allem dem Entgelt aus der entsprechenden Vergütungsgruppe ausgeschlossen. Anders verhält es sich bei übertariflichen Leistungen: Deren Verteilung unterliegt der Mitbestimmung, nicht aber, wie viel Geld insgesamt für Zulagen zur Verfügung gestellt wird. (Genauer beschrieben wird das Thema in der IG Metall-Handlungshilfe Nr. 29 „AT-Angestellte".)

Die Unterscheidung ist in der betrieblichen Praxis schwierig nachzuvollziehen und wird in sehr vielen Betriebsvereinbarungen auch schlicht missachtet. Im Ergebnis wird dann sowohl die Verteilung als auch der Umfang der Zulagen insgesamt (der „Topf") geregelt.

Zwar liegt darin ein Verstoß gegen § 77 Abs. 3 BetrVG. Dieser lautet:

Inhalt des § 77 Abs. 3 BetrVG

„Arbeitsentgelte und sonstige Arbeitsbedingungen, die durch Tarifvertrag geregelt sind oder üblicherweise geregelt werden, können nicht Gegenstand einer Betriebsvereinbarung sein. Dies gilt nicht, wenn ein Tarifvertrag den Abschluss ergänzender Betriebsvereinbarungen ausdrücklich zulässt."

Dies ändert jedoch nichts daran, dass in den meisten Betrieben weiterhin so verfahren wird. Hier gilt die gängige Weisheit, wonach dort, wo niemand klagt, sich auch niemand findet, der richtet.

Der Betriebsrat muss aber wissen, dass er zum einen eine Vereinbarung über die Höhe der Vergütung nicht erzwingen kann, zum anderen aber auch die Beschäftigten keine Ansprüche mehr haben, wenn der Arbeitgeber einseitig die Zulagen, die ja im Grunde genommen immer noch freiwillig sind, vollständig streicht. Ein Schlupfloch gibt es hier nur dann, wenn diese Streichung nicht vollständig, sondern nur zum Teil erfolgt und dabei der Verteilungsrahmen, der vorher mit dem Betriebsrat gemeinsam festgelegt wurde, ohne dessen Zustimmung verändert wird. Dann führt der Verstoß gegen das Mitbestimmungsrecht bei der Verteilung zu einem Fortbestand der Vereinbarung und damit der Ansprüche in der ursprünglichen Höhe (BAG v. 26. 10. 2010 – 1 AZR 853/08).

Solange der Arbeitgeber seine freiwilligen Leistungen nicht widerruft, gibt es keinen Anlass für den Betriebsrat, solche unzulässigen Vereinbarungen von sich aus anzugreifen.

In nicht tarifgebundenen Betrieben besteht mit diesem Mitbestimmungsrecht die Möglichkeit, ein eigenes Entgeltgruppensystem per Betriebsvereinbarung zu schaffen. So kann etwas mehr Transparenz und Gerechtigkeit in das betriebliche Vergütungsschema gebracht werden. In der Regel wird sich ein solches System an vergleichbare tarifliche Regelungen anlehnen.

Entgeltgruppensystem per Betriebsvereinbarung

Dasselbe kann auch im Bereich der außertariflichen Angestellten gemacht werden, deren Vergütungsstrukturen ebenfalls geordnet werden sollten. Hier gilt die Schranke des § 77 Abs. 3 BetrVG nicht: Außertariflich vergütete Mitarbeiter werden vom Tarifvertrag ja gerade nicht erfasst.

Ein solches selbstgemachtes Gehaltsgruppensystem wirkt dann ähnlich wie ein Tarifvertrag. Insbesondere kann der Betriebsrat bei den bereits beschriebenen personellen Einzelmaßnahmen dessen Einhaltung auch durchsetzen.

Dieses Mitbestimmungsrecht zeigt sehr deutlich, wo die Grenzen der Betriebsratstätigkeit liegen: Eingriffe in von den Beschäftigten selbst – einzelvertraglich – gestaltete Bedingungen sind mit wenigen Ausnahmen tabu. Wer also – auf Grund größeren Geschicks oder anderer Faktoren – es geschafft hat, sein Gehalt hochzuhandeln, muss um diese Ansprüche nicht wegen der Einführung eines betrieblichen Entgeltgruppensystems fürchten.

Das Gleiche gilt für individuell ausgehandelte Zulagen: Übersteigen diese die Höhe, die sich nach Anwendung von Verteilungsgrundsätzen ergibt, ist die einzelvertragliche Vereinbarung maßgeblich, weil günstiger.

Zu den mitbestimmungspflichtigen Angelegenheiten im Rahmen der Lohngestaltung zählt auch die Entscheidung darüber, ob Teile der Vergütung leistungsbezogen gewährt werden. Insbesondere bei Zulagen ist es häufig so, dass diese nach dem Arbeitsergebnis verteilt werden. Dann handelt es sich um eine Leistungsprämie, bei der der Betriebsrat seine Mitbestimmungstätigkeit vor allem in der Richtung ausüben sollte, die Kriterien dafür festzulegen, was als Leistung zu bewerten ist und wer für diese Bewertung zuständig ist. Andernfalls werden Leistungsprämien schnell zu Nasenprämien.

Das Mitbestimmungsrecht bezieht sich auf jede Form der Vergütung für Arbeitsleistung, also nicht nur auf die Zahlungen, die am Monatsanfang oder Monatsende auf dem Girokonto landen. Zum Arbeitsentgelt zählt die betriebliche Altersversorgung ebenso wie die Bereitstellung eines Firmenwagens zur privaten Nutzung.

Die Initiativmöglichkeiten des Betriebsrats sind bei diesem Mitbestimmungsrecht dahingehend eingeschränkt, dass er sich nur im Rahmen des vom Arbeitgeber zur Verfügung gestellten Budgets halten kann. Seiner Mitbestimmung unterliegt gerade nicht die Frage, wie hoch der Topf, aus dem die Zulagen verteilt werden sollen, gefüllt ist.

4.10 Festsetzung der Akkord- und Prämiensätze und vergleichbare leistungsbezogene Entgelte einschließlich der Geldfaktoren (§ 87 Abs. 1 Nr. 11 BetrVG)

Soll sich die Höhe der Vergütung an der Leistung orientieren, gibt es hierfür verschiedene Modelle. Die klassische Form des Einzel- oder Gruppenakkords gibt es zwar immer noch, wird aber absehbar von Prämienlohnmodellen verdrängt. Zunehmend werden Komponenten leistungsbezogen vergütet. Die Höhe der Vergütung soll dann z. B. vom Erfolg des Unternehmens abhängen, oder von einem Budget, das der Arbeitgeber zur Verfügung stellt. Insbesondere die Entscheidung, ob überhaupt eine variable Vergütung eingeführt werden soll, unterliegt der erzwingbaren Mitbestimmung. Auch die Begriffe, die für das jeweilige Vergütungssystem gefunden werden, ändern daran nichts: Es mag als Zielvereinbarung, als Incentive oder anders bezeichnet werden, der Betriebsrat ist immer im Boot. Inzwischen sehen auch immer mehr Tarifverträge eine leistungsbezogene Vergütung vor, etwa das Entgeltrahmenabkommen der Metallindustrie (ERA) oder der TVöD. Hier ist dann im Rahmen der Mitbestimmung vor allem darüber zu entscheiden, welche Leistungen wie gemessen werden sollen und nach welchen Kriterien das vorhandene Budget am Ende unter den Betroffenen aufzuteilen ist.

Änderung der Vergütungsmethode über Mitbestimmungsrecht

Ein Streit darüber, ob das Mitbestimmungsrecht sich aus § 87 Abs. 1 Nr. 10 oder Nr. 11 BetrVG ergibt, ist überflüssig. Gerade im Bereich der leistungsbezogenen Entgelte kann dies strittig sein, weil die Rechtsprechung hier unterschiedliche Wege geht. Sicher ist aber, dass die leistungsbezogene Vergütung praktisch immer nach einer der beiden Vorschriften dem Zugriff des Betriebsrats unterliegt. Sobald die Vergütung von der Leistung abhängig gemacht wird, also etwa bei Prämien- und Leistungslöhnen, ist immer die Nr. 11 einschlägig, die den zusätzlichen Vorteil bietet, dass hier auch auf die Höhe der Vergütung, die „Geldfaktoren" – wie es in der Vorschrift heißt – Einfluss genommen werden kann.

4.11 Grundsätze über das betriebliche Vorschlagswesen (§ 87 Abs. 1 Nr. 12 BetrVG)

Seit Jahren rollt durch die Betriebe eine Welle von Unternehmensberatungen, die praktisch alle mit derselben Botschaft an die Arbeitgeber auftreten: Das Wissen der Arbeitnehmer soll stärker genutzt und die Menschen nicht nur als Vollzugsorgane fremder Ideen behandelt werden. Damit verbunden ist das Erfordernis, den Beschäftigten Anreize zu bieten, sich selbst um Verbesserungen zu bemühen.

Für Betriebsräte ist dies eine ausgesprochen zweischneidige Angelegenheit: In Verbesserungsvorschlägen steckt meistens auch ein Rationalisierungspotenzial. Zwar profitiert der Einzelne von dem Vorschlag, wenn er eine Prämie hierfür erhält. Unter Umständen ist dieser Profit jedoch mit der Entlassung von Kollegen erkauft, weil deren Arbeitskraft nicht mehr benötigt wird.

Verbesserungsvorschläge

Dennoch kann sich der Betriebsrat dem Thema nicht verschließen, weil der Arbeitgeber ein elementares Interesse an dieser laufenden Verbesserung seines Betriebsergebnisses hat. Das Mitbestimmungsrecht sollte vor allem dazu dienen, durchzusetzen, dass nicht nur arbeitsplatzvernichtende Vorschläge prämiert werden. Auch Ideen, die sich etwa – ohne einen unmittelbaren wirtschaftlichen Effekt zu haben – auf Verbesserungen des Arbeitsschutzes oder der Arbeitssituation beziehen, haben ihren Wert. Hier geht es dann vor allem darum, ein System zu finden, wie solche Vorschläge bei der Prämierung zu bewerten sind.

Regelungen über das betriebliche Vorschlagswesen sind durch den Betriebsrat erzwingbar, auch wenn der Arbeitgeber dies nicht will. Allerdings ist die Prämierung von Vorschlägen wiederum eine Angelegenheit, die der Betriebsrat nicht gegen den Willen des Arbeitgebers durchsetzen kann. In der Praxis spielt auch dies jedoch keine Rolle, da praktisch jedes Unternehmen daran interessiert ist, sich die Vorschläge seiner Beschäftigten zu Nutze zu machen. Ein Arbeitgeber, der hier nicht auch entsprechend zahlungswillig ist, wird eben wenige Vorschläge ernten. Von daher gibt es praktisch immer einen Ansatzpunkt für dieses Mitbestimmungsrecht.

Erzwingbare Regelungen

4.12 Grundsätze über die Durchführung von Gruppenarbeit (§ 87 Abs. 1 Nr. 13 BetrVG)

Gruppenarbeit ist eine inzwischen gängige Arbeitsform. Gemeint ist damit aber nicht ein beliebiges Zusammenwirken mehrerer Beschäftigter. Dann wäre jede Abteilung eine Arbeitsgruppe. Gemeint sind solche Teams, die im Wesentlichen eigenverantwortlich eine Arbeitsaufgabe erledigen müssen. Hier hat der Betriebsrat über das Mitbestimmungsrecht die Möglichkeit, Festlegungen darüber zu treffen, wie sich die Zusammenarbeit vollzieht, welche Entscheidungsstrukturen in der Gruppe verankert werden, nach welchen Kriterien die Gruppen zusammengesetzt werden usw.

Dieses Recht erstreckt sich auf alle nur erdenklichen Fragen – bis auf diejenigen nach Einführung oder Abschaffung der Gruppenarbeit. Dies sind einseitige Vorgaben, die der Arbeitgeber mitbestimmungsfrei machen kann.

Erzwingbare Mitbestimmungsrechte finden sich nicht nur in § 87 Abs. 1 BetrVG, auch wenn dort natürlich die in der Praxis bedeutsamsten stehen. Dennoch lohnt es, sich auch mit den Randgebieten zu befassen, weil hier gerade für die Entwicklung der Arbeitnehmer entscheidende Grundlagen geschaffen werden.

4.13 Richtlinien über die personelle Auswahl bei Einstellungen, Versetzungen, Umgruppierungen und Kündigungen (§ 95 BetrVG)

Auswahlrichtlinien sind generelle Festlegungen, anhand derer Personalentscheidungen getroffen werden müssen. Hierunter fallen etwa Punktesysteme, die Auskunft darüber geben, wer für eine Versetzung oder Kündigung in Betracht kommt. Die Existenz solcher Richtlinien schafft – wie wir bereits gesehen haben – Widerspruchs- bzw. Zustimmungsverweigerungsrechte bei personellen Einzelmaßnahmen.

Allerdings gibt es hier eine echte Erzwingbarkeit für den Betriebsrat nur in Betrieben mit mehr als 500 Beschäftigten. In allen anderen Fällen muss er beobachten, ob der Arbeitgeber von sich aus solche Grundsätze anwendet. Diese unterliegen dann gleichfalls der Mitbestimmung, der Betriebsrat kann also ihren Inhalt beeinflussen.

4.14 Betriebliche Berufsbildung (§§ 96–98 BetrVG)

Ein Schattendasein führt in vielen Betrieben die Mitbestimmung bei der betrieblichen Berufsbildung. Dies steht im krassen Gegensatz zur allseits betonten Bedeutung, die die ständige Fortbildung der Arbeitnehmer für den Erhalt des Arbeitsplatzes und natürlich auch deren Aufstiegsmöglichkeiten hat. Wer nicht rechtzeitig darauf achtet, dass auch andere als nur die guten Bekannten der Vorgesetzten an Qualifizierungen teilnehmen, hat später keine Alternativen, wenn es um die Besetzung der entsprechenden Stellen geht. Frauenförderung oder Überstundenabbau sind gleichfalls Anliegen, die mit der Verbreiterung der Qualifikationsbasis unmittelbar zusammenhängen.

Zwei Mitbestimmungswege hat der Betriebsrat in dieser Frage. Der eine ist in § 97 Abs. 2 BetrVG, der andere in § 98 BetrVG verankert.

Weiter gehend ist das Recht in § 97 Abs. 2 BetrVG, weil es dem Betriebsrat die Möglichkeit einräumt, Berufsbildungsmaßnahmen zu erzwingen, wenn sich die Tätigkeit der Beschäftigten so verändert (hat), dass sie ohne Qualifizierung Gefahr laufen, den Anforderungen nicht mehr gerecht zu werden. Auch wenn der Arbeitgeber dies nicht will – der Betriebsrat kann unter dieser Voraussetzung den Arbeitgeber in die Einigungsstelle zwingen, die dann darüber entscheidet, ob betriebliche Berufsbildung stattfinden muss.

Erzwingbare Berufsbildungsmaßnahmen

Die zweite Vorschrift knüpft demgegenüber daran an, dass der Arbeitgeber von sich aus Qualifizierung anbietet – gleich ob im oben beschriebenen Sinne erforderlich oder nicht. In diesem Fall sind die Mitbestimmungsrechte bei der betrieblichen Berufsbildung danach gestaffelt, ob die Qualifizierung im Betrieb oder außerhalb, während der Arbeitszeit oder danach stattfindet und wer sie bezahlt. Je nach Art können die Inhalte der Schulung, die Auswahl der teilnehmenden Arbeitnehmer und die des Lehrpersonals beeinflusst werden.

V. Strategiebildung im Betriebsrat

Nachdem der Betriebsrat sich über seine Zielstellungen Klarheit verschafft und für eine ausreichende Informationsbasis gesorgt hat, sollte er im Bereich der sozialen Angelegenheiten feststellen, ob er in der „Offensiv-" oder der „Defensivposition" ist. In der Offensive ist er, wenn er eigene Initiativen ergreift und Anliegen durchsetzen will, in der Defensive, wenn der Arbeitgeber an ihn herantritt, weil er die Zustimmung des Betriebsrats zu einer Maßnahme benötigt.

Will er eigene Anliegen durchsetzen, besteht in vielen Fällen die Begrenzung, dass er nur dann tätig werden kann, wenn der Arbeitgeber entsprechende Rahmenbedingungen setzt. Am deutlichsten wird dies bei den freiwilligen Zulagen: Solange der Arbeitgeber solche nicht von sich aus zahlt, gibt es auch keine Mitbestimmungsrechte bei der Verteilung.

Die Bereitschaft, derartige Leistungen zu erbringen, kann allenfalls dadurch gefördert werden, dass mit anderen Themen, bei denen der Arbeitgeber die Zustimmung des Betriebsrats dringend benötigt, eine entsprechende Verknüpfung vorgenommen wird. Will etwa der Arbeitgeber ein leistungsbezogenes Entgeltsystem einführen, so kann der Betriebsrat ihm deutlich machen, dass er die Zustimmung außerhalb der Einigungsstelle hierzu nur dann erhält, wenn er gleichzeitig bereit ist, entsprechende Zulagen zu bezahlen. Ein solches Vorgehen ist – von beiden Seiten – betrieblicher Alltag und keineswegs erpresserisch. Letzten Endes sind weder Betriebsrat noch Arbeitgeber verpflichtet, dem Anliegen der Gegenseite ohne weiteres nachzukommen. Beide haben die Möglichkeit, den Weg zur Einigungsstelle zu gehen, statt sich vorher auf Kompromisse einzulassen.

Prüfung, ob erzwingbares Mitbestimmungsrecht gegeben ist

Befindet sich der Betriebsrat in der Offensivposition, muss er als nächstes überprüfen, ob er überhaupt ein erzwingbares Mitbestimmungsrecht hat. Das entscheidet sich anhand einer unscheinbaren Formulierung in der jeweiligen Vorschrift, die die Mitbestimmungsrechte über die Angelegenheit enthält. Meist lautet sie etwa so:

„Kommt eine Einigung (…) nicht zustande, so entscheidet die Einigungsstelle. Der Spruch der Einigungsstelle ersetzt die Einigung zwischen Arbeitgeber und Betriebsrat."

Nur wenn diese Passage im Gesetzestext existiert, ist die Mitbestimmung erzwingbar. Allerdings kann diese auch eingeschränkt sein. Ein Beispiel hierfür bietet § 95 BetrVG. Dort ist zwar auch geregelt, dass die Einigungsstelle entscheidet, allerdings in Betrieben mit weniger als 500 Beschäftigten nur auf Antrag des Arbeitgebers. Ein Initiativrecht des Betriebsrats ist damit unterhalb dieser Schwelle nicht gegeben. Will der Arbeitgeber die Richtlinien für personelle Maßnahmen grundsätzlich in seinem Betrieb nicht haben, so führt für den Betriebsrat kein Weg in die Einigungsstelle, wenn nicht die entsprechende Betriebsgröße erreicht wird.

Die Formulierung zur Zuständigkeit der Einigungsstelle verweist inhaltlich auf eine andere Vorschrift im Betriebsverfassungsgesetz: § 76 Abs. 5 regelt, was passiert, wenn deren Spruch die Einigung zwischen Arbeitgeber und Betriebsrat ersetzt. Hier kann zur Not auch ohne die eine oder andere Betriebspartei in der Einigungsstelle entschieden werden. Es gibt also keine Möglichkeit für die Seite, die das Mitbestimmungsverfahren nicht möchte, sich diesem zu entziehen.

Ist der Betriebsrat in der Defensivposition, will also der Arbeitgeber von ihm die Zustimmung zu einer von ihm angestrebten Angelegenheit, spielt die Frage nach dem Initiativrecht keine Rolle. Der Arbeitgeber kann immer initiativ werden, von Bedeutung ist lediglich, ob es nach der oben genannten Formulierung ein erzwingbares Mitbestimmungsrecht gibt. Wenn ja, weiß der Betriebsrat, dass der Arbeitgeber auf seine Zustimmung angewiesen ist. Dasselbe gilt bei den personellen Einzelmaßnahmen „Einstellung", „Versetzung" und „Ein- oder Umgruppierung".

Hat danach eine Meinungsbildung im Betriebsrat stattgefunden, sind eigentlich nur drei Varianten denkbar:

1. Der Betriebsrat lehnt die vom Arbeitgeber vorgesehene Maßnahme grundsätzlich ab.
2. Der Betriebsrat ist im Grunde einverstanden, will die Zustimmung aber an Bedingungen knüpfen.
3. Der Betriebsrat hält die Maßnahme vorbehaltlos für richtig.

Im letzten Fall bestehen im Grunde keine Probleme. Der Betriebsrat kann dem Arbeitgeber sein Einverständnis signalisieren. Allerdings sollte auch in dieser Situation unbedingt überlegt werden, ob diese Zustimmung einfach so gegeben wird, oder ob eine Verbindung mit anderen Anliegen des Betriebsrats, die nichts mit der Sache zu tun haben müssen, erfolgen kann.

Will etwa der Arbeitgeber den Betriebsrat dazu bewegen, ihn bei der Einführung einer ungleichen Verteilung der Arbeitszeit auf das Jahr zu unterstützen, die immer zu einem teilweisen Verlust der Zuschläge zur Mehrarbeit führt, muss dieser nicht einfach zustimmen, auch wenn er dies im Grunde selbst für richtig hält. Er kann z. B. als Gegenleistung die verbindliche Zusage verlangen, bestimmte Einstellungen vorzunehmen. Dies wäre eine Verknüpfung von zwei Sachverhalten, die eigentlich nichts miteinander zu tun haben und von denen einer gerade nicht der erzwingbaren Mitbestimmung unterliegt.

Hält der Betriebsrat die Maßnahme für völlig inakzeptabel, muss er sich überlegen, ob er das dem Arbeitgeber sofort sagt und damit möglicherweise direkt den nächsten Schritt, nämlich den Gang in die Einigungsstelle auslöst. Sofort reagieren muss er allerdings dann, wenn es um eine Einstellung, Versetzung, Ein-/Umgruppierung oder Kündigung geht, weil hier das Gericht Fristen setzt (eine Woche bzw. drei Tage bei einer außerordentlichen Kündigung), nach deren Ablauf seine Zustimmung als erteilt gilt.

Strebt der Betriebsrat hingegen Verbesserungen am Vorhaben des Arbeitgebers an, müssen entsprechende Forderungen an ihn gerichtet und Verhandlungen aufgenommen werden. Auch diese Variante kann in die Einigungsstelle führen, die dann sowohl über die Vorstellungen des Arbeitgebers wie auch die Änderungswünsche des Betriebsrats zu entscheiden hat.

Die Stärke des Betriebsrats in dieser Situation bemisst sich ausschließlich daran, ob das Mitbestimmungsrecht auch tatsächlich besteht. Dieses kann im Bereich der sozialen Angelegenheiten ausgeschlossen sein, weil der Tarifvertrag oder das Gesetz bereits eine abschließende Regelung zum jeweiligen Thema enthält. Der Eingangssatz zu § 87 Abs. 1 BetrVG enthält eine solche Einschränkung. Eine Bindungswirkung für das Mitbestimmungsverfahren entfalten diese Vorschriften allerdings nur, wenn sie die Mitbestimmungsangelegenheiten abschließend regeln (BAG v. 18.4.1989 – 1 ABR 100/87).

Am Beispiel der Arbeitszeitgestaltung lässt sich dies verdeutlichen: Selbstverständlich enthalten fast alle Manteltarifverträge Regelungen zur wöchentlichen Arbeitszeit. Damit ist jedoch keine Aussage darüber getroffen, ob im Einzelfall eine Gleitzeitregelung eingeführt werden soll. Der bloße Umstand, dass Regelungen zu einem ähnlichen Thema existieren, schließt also das Mitbestimmungsrecht nicht aus. Dasselbe gilt im Übrigen auch für das Arbeitszeitgesetz. Hier sind lediglich Höchstgrenzen festgesetzt, die auch nach Durchführung eines Mitbestimmungsverfahrens nicht zu überschreiten sind. Alles andere, etwa die Verteilung der Arbeitszeit auf die Wochentage, ist eine Frage der betrieblichen Gestaltung, die selbstverständlich der Mitbestimmung unterliegt.

Diese Begrenzung der Mitbestimmung existiert zusätzlich zu der bereits beschriebenen in § 77 Abs. 3 BetrVG. Allerdings dürfen beide nicht verwechselt werden, denn § 77 Abs. 3 BetrVG schließt aus, dass eine Betriebsvereinbarung über Sachverhalte geschlossen wird, die tariflich geregelt sind oder üblicherweise tariflich geregelt werden. Das ist unabhängig davon, ob der Sachverhalt der Mitbestimmung unterliegt. § 87 Abs. 1 BetrVG dagegen schließt die Mitbestimmung aus, wenn der Sachverhalt abschießend im Tarifvertrag geregelt ist.

V. Strategiebildung im Betriebsrat

Merke: Immer, wenn auf betrieblicher Ebene ein Entscheidungs-spielraum für die Gestaltung der Maßnahme verbleibt, muss der Arbeitgeber den Betriebsrat in den Angelegenheiten beteiligen, die nach BetrVG der Mitbestimmung unterliegen. Tarifvertrag und Gesetz setzen diesem Spielraum praktisch immer nur Grenzen, schließen aber die Mitbestimmung nicht – oder nur in den seltensten Fällen – aus.

Ist der Betriebsrat in der Defensivposition, will also der Arbeitgeber eine mitbestimmungspflichtige Maßnahme durchführen und benötigt dafür dessen Zustimmung, hat er praktisch keinen Grund, von sich ein Einigungsstellenverfahren zu betreiben. Der Arbeitgeber ist es, der den Betriebsrat auf seine Seite ziehen muss. Will der Betriebsrat die Maß-nahme nicht, wäre es nicht klug, die Verhandlungen dadurch abzukür-zen, dass eine Entscheidung durch die Einigungsstelle herbeigeführt wird. Die wird immer zu einem Ergebnis kommen und die Erwartung, das könnte darin bestehen, den Arbeitgeber an der Umsetzung einer Maßnahme zu hindern, ist in der Regel verfehlt.

Anders ist das nur dann, wenn der Betriebsrat bereits voreilig seine Zustimmung zu einem Vorhaben des Arbeitgebers erteilt hat. Wenn ihm das nicht mehr gefällt, bekommt er sie nur durch eine Kündigung der Vereinbarung und – wenn es sich um eine Maßnahme handelt, die der erzwingbaren Mitbestimmung unterliegt – eine ablösende neue Vereinbarung wieder weg. Bis er die hat, wirkt die alte Vereinbarung nach. In diesem Fall ist es der Arbeitgeber, der die Neuregelung in der Einigungsstelle lieber hinausschiebt – und entsprechend der Betriebs-rat, der dieses Verfahren betreiben muss.

Verhält sich der Arbeitgeber allerdings nicht so, wie das Betriebsver-fassungsgesetz es vorsieht, sondern setzt er sein Vorhaben ohne vor-herige Zustimmung einfach um, so ist es nicht die Einigungsstelle, die der Betriebsrat zu seiner Unterstützung aktiviert, sondern das Arbeits-gericht. Das muss dann über einen Antrag entscheiden, dem Arbeit-geber dieses Vorgehen zu verbieten bzw. bereits geschaffene Fakten rückgängig zu machen. Hat er also etwa eine neue Telefonanlage installiert, ohne vorher die Zustimmung des Betriebsrats einzuholen, muss der beim Arbeitsgericht beantragen, dem Arbeitgeber zu verbie-ten, diese auch einzuschalten.

Anrufung des Arbeitsgerichts

Daneben benötigt der Betriebsrat die Einigungsstelle, wenn er selbst ein Anliegen, wie etwa die Einführung von Gleitzeit verfolgt und sich mit dem Arbeitgeber hierüber nicht einig wird. In der Regel ist es aller-dings der Arbeitgeber, der die Zustimmung des Betriebsrats und damit letztlich die Einigungsstelle braucht, weil er in seinem Betrieb gestal-tend tätig werden will.

VI. Der kollektive Bezug

Kollektiver Bezug ist erforderlich

Eine weitere Voraussetzung für das Bestehen des Mitbestimmungsrechts ist nach der Rechtsprechung ein so genannter kollektiver Bezug (BAG v. 16. 7. 1991 – 1 ABR 69/90).

Grob gesagt ist damit gemeint, dass der Betriebsrat nur dann umfassend mitbestimmen kann, wenn es nicht um die Regelung von Einzelfällen geht, für die dem Arbeitgeber vertragliche Instrumentarien zur Verfügung stehen. Lediglich bei der Festlegung der Lage des Urlaubs einzelner Beschäftigter ist auch diese Voraussetzung durch Gesetz außer Kraft gesetzt.

Beispiel: Überstunden

Die Angelegenheit wird aber nicht deshalb zum Einzelfall, weil nur einzelne Beschäftigte betroffen sind. Ebenso wenig soll mit dieser Einschränkung bewirkt werden, dass der Arbeitgeber durch vertragliche Vereinbarungen mit einzelnen Beschäftigten bei kollektiv zu regelnden Sachverhalten das Mitbestimmungsrecht umgeht. Prominentes Beispiel hierfür ist die Anordnung von Überstunden, die meistens der Mitbestimmung des Betriebsrats unterliegt.

Häufig berufen sich Arbeitgeber darauf, die Anordnung der Überstunden sei mitbestimmungsfrei, weil die einzelnen Beschäftigten deren Ableistung zugestimmt hätten. Damit ist jedoch der kollektive Bezug nicht ausgeschlossen. Bei der Anordnung von Überstunden geht es nicht nur darum, ob ein Einzelner diese Überstunden machen soll, sondern auch um die Entscheidung, ob andere nicht vorrangig hierfür herangezogen werden können. Auch die Frage, ob überhaupt Mehrarbeit geleistet werden soll, hat eine betriebliche Dimension, weil damit unmittelbar Auswirkungen auf die Zahl der Arbeitsplätze verknüpft sind. Von daher ist der kollektiven Bezug bei Überstunden praktisch immer gegeben, unabhängig von Vereinbarungen, die der Arbeitgeber mit Einzelnen hierüber getroffen hat (BAG v. 27. 11. 1990 – 1 ABR 77/89).

Das Vorliegen eines kollektiven Bezugs lässt sich mit einer einfachen Kontrollüberlegung feststellen: Was wäre, wenn der vom Arbeitgeber für die Maßnahme auserwählte Arbeitnehmer aus irgendeinem Grund nicht zu Verfügung stehen würde? Gäbe es zumindest eine personelle Alternative für ihn? Wenn ja, ist der kollektive Bezug zwangsläufig gegeben, weil eine Auswahl zwischen diesen Alternativen stattfinden muss.

Bei generell angelegten Regelungen wie etwa solchen über Vergütungsgruppen oder die Prämierung von Verbesserungsvorschlägen kann nicht ernsthaft Streit darüber geführt werden, ob der kollektive Bezug existiert. Schließlich geht es um ein allgemein anwendbares Schema, das unabhängig vom Einzelfall funktionieren soll.

VII. Die gerichtliche Durchsetzung

Während Arbeitnehmer ihre Individualansprüche im „Urteilsverfahren" verfolgen, steht dem Betriebsrat für die Durchsetzung seiner Ansprüche das Beschlussverfahren zur Verfügung (§ 2a ArbGG i. V. m. § 80 ArbGG). Dieses Verfahren findet in allen betriebsverfassungsrechtlichen Streitigkeiten Anwendung. Es läuft nach einem geringfügig anderen Drehbuch als das „Urteilsverfahren". Diese Unterschiede sollen uns aber hier nicht interessieren. Wichtig ist, wie es in Gang gesetzt wird und wie man schneller zu einer Entscheidung kommt.

1. Das „allgemeine" Beschlussverfahren

In den meisten Beschlussverfahren geht es um die Frage, ob der Arbeitgeber bei der Durchführung einer Maßnahme die Mitbestimmungsrechte verletzt hat oder nicht. Hat er etwa ohne Genehmigung Überstunden angeordnet, kann der Betriebsrat diesen Verstoß im Verfahren feststellen lassen. Um Wiederholungen vorzubeugen wird der Arbeitgeber dann verurteilt, bei zukünftigen Verstößen eine Geldbuße zu bezahlen.

Das Beschlussverfahren kommt durch einen Antrag in Gang, den der Betriebsrat – meist über seine Prozessvertretung, also Rechtsanwalt oder Rechtssekretär – an das Gericht stellt. Aber auch der Arbeitgeber kann ein Beschlussverfahren einleiten, etwa um die Betriebsratswahl anzufechten oder aber umgekehrt feststellen zu lassen, dass ein Mitbestimmungsrecht nicht besteht.

Das Gericht entscheidet durch Beschluss. Der Beschluss wird aber erst dann wirksam und kann „vollstreckt" werden, wenn der Verlierer (das können auch beide Prozessbeteiligte sein) keine Beschwerde dagegen einlegt. Dann geht die ganze Sache nämlich vor das zuständige Landesarbeitsgericht (LAG). Das LAG fasst dann seinerseits einen Beschluss, der zudem manchmal mit der so genannten „Rechtsbeschwerde" vor dem Bundesarbeitsgericht angefochten werden kann. Ein komplettes Beschlussverfahren durch alle Instanzen kann leicht zwischen zwei und drei Jahren dauern!

Zwangsvollstreckung ist möglich

2. Das Verfahren auf Erlass einer einstweiligen Verfügung

Wegen der langen Verfahrensdauer bei Beschlussverfahren kommt für eine schnelle Klärung der so genannte vorläufige Rechtsschutz in Betracht. Das ist immer dann nötig, wenn die rechtswidrige Handlung des Arbeitgebers erst noch bevor steht oder gerade erst vollzogen wurde. In diesem Fall beantragt der Betriebsrat den Erlass einer einstweiligen Verfügung.

Hier klärt das Gericht nur oberflächlich, wer im Recht ist. Wichtiger ist die Frage danach, wer den größeren Nachteil hat, wenn die Entscheidung nicht im beschleunigten Verfahren ergeht. Hierin zeigt sich dann die Eilbedürftigkeit, die dem Gericht immer gesondert erklärt werden muss.

Wenn etwa der Arbeitgeber für den kommenden Samstag eine zusätzliche Schicht einrichten will und der Betriebsrat dem nicht zugestimmt hat, würde ein Abwarten auf die Entscheidung des Gerichts im normalen Verfahren das Mitbestimmungsrecht für diesen Fall endgültig vereiteln. Die Schicht wäre lange vorher schon gearbeitet worden.

Das Verfahren auf Erlass einer einstweiligen Verfügung stellt meist – aber nicht immer! – ein rasches und effektives Mittel zur Durchsetzung der Betriebsratsansprüche dar. Mit einer positiven Entscheidung kann vorläufig die betriebsverfassungswidrig vom Arbeitgeber durchgeführte Maßnahme unterbunden werden.

VIII. Wieder in der Sitzung

Kommen wir zurück zu unserem Gremium, dem vom Arbeitgeber mitgeteilt wurde, dass an der neuen Stanze – mal wieder – Überstunden gemacht werden müssen. Hier darf der Arbeitgeber ohne die Zustimmung des Betriebsrats die Überstunden nicht anordnen. Das Mitbestimmungsrecht ergibt sich aus § 87 Abs. 1 Nr. 2 oder Nr. 3 BetrVG. Damit existiert ein erhebliches Druckmittel, um Einfluss auf die offenkundige Unterbesetzung an dieser Maschine zu nehmen. Dem Arbeitgeber sollte deutlich gesagt werden, dass er die Überstunden dann nicht mehr bewilligt bekommt, wenn er nicht unverzüglich eine zumindest befristete Stelle zur Überbrückung der Schwierigkeiten mit der neuen Maschine ausschreibt.

Der Betriebsrat ist also in der Defensivposition: Der Arbeitgeber benötigt sein Einverständnis und muss ein gerichtliches Unterlassungsverfahren befürchten, wenn er versucht, ohne eine solche Zustimmung Überstunden anzuordnen. Da eine Einigungsstelle auch nicht von heute auf morgen eingerichtet werden kann, steht der Arbeitgeber, wenn er sich nicht mit dem Betriebsrat einigt, auf mittlere Sicht vor einem erheblichen Problem.

Komplexer ist der Sachverhalt bei der Einrichtung der Gruppenarbeitsplätze. Schon oben wurde darauf hingewiesen, dass hier wohl mehrere erzwingbare Mitbestimmungsrechte betroffen sind. Es geht neben der näheren Ausgestaltung um Fragen der Arbeitszeit, der Lohngestaltung und vermutlich auch des Arbeitsschutzes.

Zwar ist im Grunde auch hier der Betriebsrat in einer Defensivposition. Diesmal sind die Anforderungen an ihn jedoch weitaus anspruchsvoller als im Falle der Mehrarbeit, weil nicht das Interesse im Vordergrund stehen wird, die Einrichtung der Gruppenarbeitsplätze grundsätzlich zu verhindern. Damit zu drohen, wäre auch wenig Erfolg versprechend, weil der Arbeitgeber weiß, dass der Betriebsrat sich damit innerhalb der Belegschaft nicht unbedingt Freunde machen wird. Hier geht es also eher darum, von vornherein mit vernünftigen Gestaltungsvorschlägen aufzuwarten und die Bezüge zu Mitbestimmungsrechten herzustellen, um als gleichwertiger Verhandlungspartner akzeptiert zu werden. Auch in diesem Fall kann allerdings das Einigungsstellenverfahren als letzte Entscheidungsinstanz ins Spiel kommen.

Damit wäre der Problemkatalog fast abgearbeitet. Es bleibt noch das nicht richtig schließende Tor, von dem eine Gefahr für die Gesundheit der in der Halle Beschäftigten ausgeht. Gesundheit ist bereits das Stichwort, das auch hier zum einschlägigen Mitbestimmungsrecht führt:

Es findet sich in § 87 Abs. 1 Nr. 7 BetrVG, sofern Regelungen über die Verhütung von Arbeitsunfällen, Berufskrankheiten oder über den Gesundheitsschutz aufgestellt werden sollen.

Daraus zu schließen, der Betriebsrat könne nunmehr wiederum in die Einigungsstelle gehen und diese einen Beschluss darüber fassen lassen, dass neue Dichtungen, Türangeln usw. eingebaut werden müssen, ist jedoch verfehlt. Das ist nach der Rechtsprechung nicht möglich und wohl auch nicht sinnvoll. Das Mitbestimmungsrecht besteht nur, sofern die gesetzlichen oder sonstigen Vorschriften einen betrieblichen Regelungsspielraum eröffnen, den der Arbeitgeber ausfüllen kann. Die bereits erwähnte Gefährdungsanalyse wäre ein Beispiel hierfür.

Hier müsste der Betriebsrat also zunächst wissen, welche Maßnahme er initiieren will – vermutlich irgendwie die Belästigung durch Zugluft abzustellen –, um dann zu suchen, ob es eine entsprechende gesetzliche Rahmenvorschrift gibt. Die findet sich tatsächlich in § 3a Abs. 1 der Arbeitsstättenverordnung:

„Der Arbeitgeber hat dafür zu sorgen, dass Arbeitsstätten so eingerichtet und betrieben werden, dass von ihnen keine Gefährdungen für die Sicherheit und die Gesundheit der Beschäftigten ausgehen."

Der Logik des Gesetzes folgend müsste also jetzt – in Ausfüllung der Rahmenvorschrift – eine Vereinbarung geschlossen werden, wie die Zugluft verhindert wird. Diese Vereinbarung wiederum könnte der Betriebsrat auch gerichtlich durchsetzen. Alles sehr theoretisch und praktisch schon deshalb nicht durchführbar, weil der Arbeitgeber, der die Maßnahme nicht will, sich hierzu natürlich auch nicht in einer Vereinbarung verpflichtet.

Eher erfolgversprechend dürfte der in § 89 BetrVG aufgezeigte Weg sein: Die Einbeziehung der Berufsgenossenschaft oder der Arbeitsschutzbehörde, die der Betriebsrat durch „Anregungen" unterstützen kann. Diese können nämlich eine behördliche Anordnung nach § 22 Abs. 3 ArbSchG treffen, die den Arbeitgeber sofort zwingt, die Gefährdung abzustellen.

Damit ist die Mitbestimmung des Betriebsrats kein geeigneter Weg, um die bestehenden Gefährdungen zu beseitigen. Hier muss vielmehr im Rahmen der Möglichkeiten des § 89 BetrVG in Zusammenarbeit mit der Berufsgenossenschaft oder den für den Arbeitsschutz zuständigen Behörden darauf hingewirkt werden, dass der Arbeitgeber den Missstand beseitigt. Unterlässt er dies, kann dies sogar zur Verhängung von Bußgeldern führen.

IX. Das Leben ist bunt und vielfältig – auch im Betriebsrat

Wir hatten uns vorgenommen, das Chaos der Begriffe und der Themen überschaubar zu machen. Immerhin wissen wir jetzt: Es gibt ein System im Betriebsverfassungsgesetz, nach dem die Mitbestimmungsmöglichkeiten sortiert sind, jedoch kann im Einzelfall der Weg mal unverzüglich in die Einigungsstelle, mal zum Arbeitsgericht und mal auch nur in das Verhandlungszimmer führen. Die Verhältnisse sind auch keineswegs immer so klar, wie bei den hier untersuchten Maßnahmen.

Dennoch muss der Betriebsrat die Handlungskompetenz im Umgang mit diesen Vorschriften erwerben. Dazu gehört häufig vor allem ein forsches Auftreten. Der Arbeitgeber ist meistens zumindest genauso unsicher in der rechtlichen Wertung einer Mitbestimmungsangelegenheit wie der Betriebsrat. Genauso wie es sein gutes Recht ist, zunächst immer von dem für ihn günstigsten Fall auszugehen und zu behaupten, ein Mitbestimmungsrecht bestehe nicht, so sollte umgekehrt der Betriebsrat ebenfalls immer erst einmal voraussetzen, dass das Mitbestimmungsrecht gegeben ist und die Bezüge zu entsprechenden Vorschriften im Betriebsverfassungsgesetz suchen.

Dies ist umso dringender, als längst nicht alle betrieblichen Auseinandersetzungen vor der Einigungsstelle oder dem Arbeitsgericht ausgetragen werden. Häufig liegen die Kompromisse, die letztendlich gefunden werden, an ganz anderen Stellen, als ursprünglich von den Betriebsparteien erwartet. Daher sind Einigungsstelle und Arbeitsgericht meist auch nur ein Mittel, mit dem gedroht wird. Die Fälle, in denen eine der beiden Institutionen in Anspruch genommen wird, sind eher selten.

Kompromisse

Sie sind damit vor allem ein Mosaiksteinchen in der politischen Auseinandersetzung zwischen Arbeitgeber und Betriebsrat. Selbst Niederlagen vor dem Arbeitsgericht wirken sich manchmal noch so aus, dass Betriebsräte ihren Handlungsspielraum gegenüber dem Arbeitgeber dadurch erweitern. Ein in der betrieblichen oder darüber hinausgehenden Öffentlichkeit als ungerecht empfundener Richterspruch zu Gunsten des Arbeitgebers wird diesem wenig hilfreich sein.

Ebenfalls zu den politischen Mitteln gehören alle anderen Möglichkeiten der Auseinandersetzung, die sich innerbetrieblich bieten. Eine allerdings scheidet von vornherein aus: Ein Arbeitskampf, das heißt, ein durch den Betriebsrat geführter Streik, um seine Anliegen durchzusetzen, ist unzulässig. Dies legt § 74 Abs. 2 BetrVG ausdrücklich fest.

Maßnahmen des Arbeitskampfes sind unzulässig

Ein Streik ist die organisierte Verweigerung der Arbeitsleistung, die mit dem Ziel verknüpft ist, ein bestimmtes Anliegen gegenüber dem Arbeitgeber durchzusetzen. Kein Streik ist es, wenn die Beschäftigten in großer Zahl eine speziell für eine bestimmte Angelegenheit eingerichtete Sprechstunde des Betriebsrats aufsuchen. Auch hier ist der Effekt, dass der Arbeitsprozess stoppt. Es handelt sich aber nicht um einen Arbeitskampf im rechtlichen Sinne. Auch Betriebsversammlungen, von denen der Betriebsrat (mindestens) vier im Jahr durchführen muss, können einen ähnlichen Effekt haben wie eine politische Demonstration oder ein Streik. Gut vorbereitet sind sie gezielt einsetzbar, um den eigenen Verhandlungsspielraum zu erweitern. Dies ist weder ungesetzlich noch unehrenhaft. Es gibt keine Regel, die es verbietet, Betriebsversammlungen dazu zu nutzen, Anliegen der Belegschaft durchzusetzen.

Allerdings sollte der Betriebsrat bei der Entwicklung seines politischen Instrumentariums nicht nur auf die betrieblichen Möglichkeiten schauen. Auch mit Aktionen, die sich an die breite Öffentlichkeit richten, kann die Belegschaft auf sich aufmerksam machen. Das muss nicht so spektakulär sein wie die Werksbesetzung der Kalikumpel in Bischoferode oder die Besetzung von Rheinbrücken im Rahmen der Auseinandersetzung um das Stahlwerk in Rheinhausen. Auch auf der Klaviatur der Medien die richtigen Töne zu treffen, kann viel bringen, wie gerade die Betriebsräte von Opel immer wieder beweisen und so über Jahre die Schließung ihrer Standorte zumindest hinausgezögert haben. Derartige Aktionen setzen allerdings ein höheres Maß an politischer Organisation voraus. In der Regel ist es unverzichtbar, die Gewerkschaft auf seiner Seite zu haben. Mit dieser kann arbeitsteilig vorgegangen werden. Die Gewerkschaft kümmert sich dabei um die Dinge, die für den Betriebsrat auf Grund seiner Stellung im Betrieb zumindest problematisch sind. Hierzu gehört vor allem der gesamte **Umfang der** Bereich der Öffentlichkeitsarbeit. Betriebsräte sind gem. § 79 BetrVG **Geheimhal-** verpflichtet, Angelegenheiten, die vom Arbeitgeber als geheimhal- **tungspflicht** tungsbedürftig bezeichnet werden und die in dem Rahmen ihrer Betriebsratstätigkeit bekannt werden, nicht weiterzugeben.

Dies darf nicht so verstanden werden, dass alles das, was der Arbeitgeber unter dem „Siegel der Verschwiegenheit" mitteilt, auch tatsächlich niemals preisgegeben werden darf. Nur für diejenigen Dinge, für die ein objektives, anerkennenswertes Interesse an der Geheimhaltung besteht, also etwa Patente oder persönliche Verhältnisse einzelner Beschäftigter, kann tatsächlich Verschwiegenheit verlangt werden. Und selbst das lässt sich überwinden, wenn der Betriebsrat auf der Betriebsversammlung nur mit den richtigen Fragen die richtigen Antworten provoziert. Denn was auf der Betriebsversammlung ausgesprochen wird, ist nicht mehr geheim, kann also jederzeit offen kommuniziert werden. Teilt der Arbeitgeber dagegen dem Betriebsrat mit, dass er beabsichtigt, eine Abteilung zu schließen und verlangt von diesem, darüber Stillschweigen zu bewahren, um die Belegschaft nicht rebellisch zu machen, so ist dies kein Geschäftsgeheimnis. Ob es für den Betriebsrat allerdings sinnvoll ist, sich zum Boten der schlechten Nachrichten des Arbeitgebers machen zu lassen, sollte jedes Mal genau überlegt werden.

Die Abgrenzung, die die Rechtsprechung im Nachhinein vornimmt, ist für den Betriebsrat im konkreten Fall schwierig zu ziehen und auch riskant. Wie letztendlich ein Gericht einen Zweifelsfall entscheidet, ist vorher nie absehbar. Einen Bruch der später durch das Gericht festgestellten Schweigepflicht, die der Betriebsrat vorher falsch eingeschätzt hat, kann im äußersten Fall bis zur Amtsenthebung führen.

Daher bietet sich in solchen Fällen die Zusammenarbeit mit der Gewerkschaft geradezu an. Wird der Sekretär als Sachverständiger bei einer Angelegenheit hinzugezogen, darf der Betriebsrat auch alle maßgeblichen Dinge einschließlich der vom Arbeitgeber als geheimhaltungsbedürftig bezeichneten Fragen mit ihm besprechen. Der Sekretär mit Sachverstand unterliegt zwar gleichfalls der Schweigepflicht – das ergibt sich aus § 79 Abs. 2 und § 80 Abs. 4 BetrVG – in Bezug auf Geschäfts- und Betriebsgeheimnisse. In der Regel ist das, was als geheimhaltungsbedürftig vom Arbeitgeber bezeichnet wird, jedoch überhaupt kein objektives Geheimnis. Gleichwohl beugen sich Betriebsräte dem Schweigegebot, weil es innerbetrieblich zu atmosphärischen Störungen führt, wenn dagegen verstoßen wird.

Zusammenarbeit mit Gewerkschaft bietet sich an

Ist der Gewerkschaftssekretär dann nicht der Ansicht, dass es sich wirklich um ein objektiv schützenswertes Geheimnis gehandelt hat, so mag auch hier ein Arbeitsgericht letztendlich anders entscheiden, wenn auf einem Gewerkschaftsflugblatt die entsprechenden Informationen auftauchen. Im Regelfall zieht dies jedoch keine Sanktionen nach sich, weil der Arbeitgeber gegenüber der Gewerkschaft allenfalls einen Anspruch auf Unterlassen der Verbreitung bestimmter Informationen hat. Wenn diese aber einmal in die Welt gesetzt sind, läuft dieser Anspruch leer.

Ein gleichermaßen trickreicher Weg, um solche Gefahren auszuschließen, ist der Gang zum Arbeitsgericht. Gerichtsverhandlungen sind grundsätzlich öffentlich. Alles was dort gesagt bzw. von der Prozessvertretung geschrieben wird, ist kein Geheimnis mehr. Will also der Betriebsrat Dinge in die öffentliche Debatte bringen, die der Arbeitgeber als geheimhaltungsbedürftig mitgeteilt hat und steht die Drohung im Raum, gegen Betriebsratsmitglieder bei Bekanntwerden dieser Dinge ein Amtsenthebungsverfahren einzuleiten, so bietet sich die Einleitung eines Gerichtsverfahrens, in dem die Informationen eine Rolle spielen, geradezu an. Für eine solche Gerichtsverhandlung kann sowohl die betriebliche, als auch die überbetriebliche Öffentlichkeit in Form von Presse, Gewerkschaftssekretäre, Kommunalpolitiker usw. mobilisiert werden. Eine auf diese Weise vorbereitete Gerichtsverhandlung wird in den meisten Fällen auch dann einen Etappensieg für den Betriebsrat bringen, wenn das Gericht letztendlich gegen ihn entscheidet.

Die Darstellung der mal mehr, mal weniger weit reichenden Rechte des Betriebsrats und der Tricks und Kniffe bei ihrem Einsatz sollte allerdings nicht zu dem Fehlschluss führen, Betriebsratstätigkeit habe vor allem zum Ziel, sich mit dem Arbeitgeber zu entzweien und unter Einsatz aller nur denkbarer Mittel sich gegenseitig das Fell über die Ohren zu ziehen. Tatsächlich funktioniert der Großteil der Betriebsratsarbeit im Wesentlichen zwar nicht ohne Konflikte, aber doch ohne dass ständig die Klingen gekreuzt werden müssten.

X. Die Betriebsvereinbarung

Führen Verhandlungen mit dem Arbeitgeber zu einem Ergebnis, so steht die Frage, in welcher Weise dies in eine angemessene Form gebracht werden kann. Im „wirklichen Leben" schließt man üblicherweise Verträge, wenn Einigkeit über strittige Fragen erzielt wurde. Ein ähnliches Instrumentarium gibt es auch im Betriebsverfassungsgesetz: Die Betriebsvereinbarung.

Im Gegensatz zum normalen Vertrag hat die Betriebsvereinbarung den Vorteil, dass sie unmittelbar auf die Arbeitsverhältnisse der Beschäftigten einwirkt. Einigen sich also Betriebsrat und Arbeitgeber darüber, dass ab sofort in einer bestimmten Abteilung Gleitzeit eingeführt werden soll, so haben die Beschäftigten ab diesem Zeitpunkt nicht mehr die Verpflichtung, morgens zu einem bestimmten Zeitpunkt auf der Matte zu stehen. Der Arbeitgeber kann also nicht mit dem Betriebsrat eine Vereinbarung schließen und versuchen, diese im Nachhinein gegenüber den Beschäftigten wieder zu ignorieren. Diese können sich vielmehr unmittelbar auf die Einigung beziehen und ihre Rechte entsprechend durchsetzen.

Wirkung der Betriebsvereinbarung

Das funktioniert allerdings nur, wenn das Mittel der Betriebsvereinbarung auch in aller Förmlichkeit genutzt wird. Wie diese Vereinbarung auszusehen hat, sagt § 77 Abs. 2 BetrVG:

„Betriebsvereinbarungen sind von Betriebsrat und Arbeitgeber gemeinsam zu schließen und schriftlich niederzulegen. Sie sind von beiden Seiten zu unterzeichnen; …"

Inhalt des § 77 Abs. 2 BetrVG

Die Absprache zwischen Betriebsratsvorsitzenden und Betriebsleiter beim abendlichen Umtrunk, dass alle Beschäftigten wegen des guten Betriebsergebnisses im abgelaufenen Jahr zwischen Weihnachten und Silvester frei bekommen, ist auch dann bedeutungslos, wenn hierauf mit Champagner angestoßen wird, solange nicht die Schriftform gewahrt ist. Für den Betriebsrat kommt noch hinzu, dass seine Verhandlungsführer im Rahmen des durch Beschlussfassung abgesegneten Mandates tätig werden müssen.

Es existiert aber keine Vorschrift, die die Betriebsparteien verpflichtet, jede Einigung im Rahmen der erzwingbaren Mitbestimmung oder auch zu anderen Fragen auf diese Weise schriftlich zu fixieren. Dies ist für den Betriebsrat wichtig, um vorschnelle Reaktionen – hierzu kann auch der Champagnerumtrunk zählen – zu vermeiden: Wird dem Arbeitgeber mündlich mitgeteilt, er könne eine zustimmungspflichtige Maßnahme durchführen, ist das Mitbestimmungsverfahren abgeschlossen. Verbesserungen kann der Betriebsrat dann wiederum nur noch in einem von ihm zu betreibenden Mitbestimmungs- bzw. Einigungsstellenverfahren erzielen. Hier wird der Druck auf den Arbeitgeber allerdings erheblich geringer sein, wenn dieser bereits rechtmäßig aufgrund der mündlichen Zustimmung des Betriebsrats sein Anliegen umsetzen kann.

Regelungsabsprachen

Eine solche mündliche Einigung wird auch als Regelungsabsprache oder -abrede bezeichnet. Sie ist formlos aber eben nicht wirkungslos. Von der Betriebsvereinbarung unterscheidet sie sich vor allem dadurch, dass sie nicht unmittelbar Rechte begründend für die Beschäftigten wirkt.

Bei komplexeren Sachverhalten empfiehlt es sich unbedingt, eine Betriebsvereinbarung zu schließen. Arbeitszeitregelungen oder die Bildung von Vergütungsgruppen sind ohne Betriebsvereinbarung nicht denkbar. Nur so ist nachprüfbar, was tatsächlich vereinbart worden ist. Die Betriebsvereinbarung hat bei der erzwingbaren Mitbestimmung zusätzlich den Vorteil, nachzuwirken, wenn sie gekündigt wird. So steht es in § 77 Abs. 6 BetrVG. Dies bedeutet, dass die Regelung nach einer Kündigung der Betriebsvereinbarung nicht einfach verschwindet. Sie bleibt in Kraft, bis sie durch eine neue Regelung abgelöst wird.

Nachwirkung der Betriebsvereinbarung

Das Verlangen des Betriebsrats, die getroffene Einigung auch schriftlich in Form einer Vereinbarung zu fixieren, kann schnell zur Nagelprobe für die Glaubwürdigkeit des Arbeitgebers werden. Will er sich durch einen faulen Kompromiss der schwierigen Verhandlungen entledigen und ist eigentlich nicht daran interessiert, diesen auch tatsächlich dann später umzusetzen, wird er in aller Regel die Unterzeichnung einer entsprechenden Betriebsvereinbarung verweigern. In diesem Fall weiß der Betriebsrat, dass die Verhandlungen doch noch nicht zu Ende sind.

Auch die Entscheidung der Einigungsstelle hat die Wirkung einer Betriebsvereinbarung, wenn sie in einer entsprechenden mitbestimmungspflichtigen Angelegenheit ergangen ist. Diese ist genauso verbindlich wie ein Kompromiss, den die Betriebsparteien selbst unterzeichnet haben.

XI. Bis zur nächsten Betriebsratssitzung

Alles nicht so schlimm, so sollte man meinen. Das große Wortge-dröhne und die Unübersichtlichkeit der Themen, die uns auf dieser ers-ten Betriebsratssitzung beschäftigt haben, stellten sich als beherrsch-bar heraus. An den Umgang mit den von den erfahreneren Kollegen wie Nebelkerzen in den Raum geworfenen Begriffen werden wir uns noch gewöhnen. Zumindest haben wir jetzt eine ungefähre Ahnung, welche für uns wichtigen Unterschiede sich zwischen erzwingbarer Mitbestimmung, Anhörung und Zustimmungsverweigerungsrechten verbergen. Wir wissen, dass die unterschiedliche Reichweite der Mit-bestimmungsrechte es möglich macht, die Dinge im Zusammenhang zu diskutieren und mit solchen Verknüpfungen die eigene Verhand-lungsposition zu stärken.

Selbst dann werden wir bei der Betriebsratsarbeit nicht nur von Erfolg zu Erfolg eilen, sondern immer mal wieder einen auf die Nase bekom-men, weil andere stärker oder wir uns nicht einig waren. Manchmal haben wir auch schlicht Unrecht. Dies sollte den Betriebsrat aber nicht davon abhalten, es immer wieder von vorne zu versuchen. Schließlich ist der Betriebsrat kein Gremium, das mit hellseherischen Fähigkeiten die Entscheidungen der Arbeitsgerichte vorhersehen kann. Auch ist er nicht die Macht im Staate, sondern allenfalls ein kleines Stück Gegen-macht, das es aufrecht zu erhalten gilt.

Anhang Nr. 1

Begriffe

Unterrichtungs-/Informationsrecht

Der Betriebsrat hat einen Anspruch auf umfassende und rechtzeitige Informationen über alle Dinge, die seine Aufgabeneinstellung berühren.

Anhörungsrecht

Dem Betriebsrat müssen alle Motive mitgeteilt werden, die den Arbeitgeber zu einer Maßnahme (Kündigung) bewegen.

Mitbestimmung

Der Arbeitgeber ist auf die Zustimmung des Betriebsrats zu einer von ihm geplanten Maßnahme angewiesen.

Beratungsrecht

Der Betriebsrat hat Anspruch auf Einbeziehung in Überlegungen, bevor diese abgeschlossen sind.

Anhang Nr. 2

Die Mitbestimmungskurve

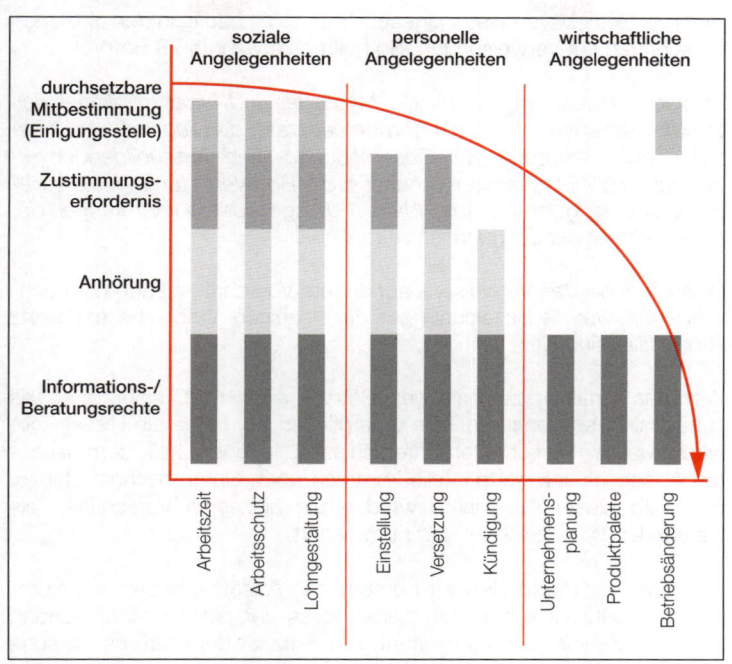

Anhang Nr. 3

Vom Lesen der Gesetze

Wer das Betriebsverfassungsgesetz liest, stößt häufig in den einzelnen Vorschriften auf Verweisungen. So heißt es etwa in § 79 BetrVG:

„Absatz 1 gilt sinngemäß für die Mitglieder und Ersatzmitglieder des Gesamtbetriebsrats, des Konzernbetriebsrats, der Jugend- und Auszubildendenvertretung, der Gesamtjugend- und Auszubildendenvertretung, des Wirtschaftsausschusses, der Bordvertretung, des Seebetriebsrats, der gem. § 3 Abs. 1 Nrn. 1 u. 2 gebildeten Vertretungen der Arbeitnehmer der Einigungsstelle ..."

Diese Technik des Verweisens auf andere Vorschriften kann nur nachvollziehen, wer die Bezeichnungen der einzelnen Abschnitte im Gesetz kennt. Hier sind sie:

Wer das Inhaltsverzeichnis des BetrVG aufschlägt, sieht, dass es zunächst in so genannte Teile untergliedert ist. Innerhalb dieser Teile wird zwischen Abschnitten unterschieden. In einem Fall, dem sechsten Abschnitt des vierten Teils kommen noch Unterabschnitte hinzu. Innerhalb dieser Abschnitte werden die einzelnen Vorschriften als Paragrafen (§) bezeichnet und nummeriert.

Innerhalb der Paragrafen wird unterteilt in Absätze, Sätze und Nummern. Absätze erkennt man daran, dass vor dem entsprechenden Text eine Zahl in Klammern steht. Der Satz ist der grammatikalische Satz, der mit einem Punkt endet. Wird auf einen speziellen Satz verwiesen, so muss man sich die Mühe machen, innerhalb der Absätze die grammatikalischen Sätze zu zählen.

Die letzte Unterteilung ist diejenige nach Nummern oder Ziffern. Nummern innerhalb einer Vorschrift erkennt man daran, dass vor dem entsprechenden Textteil eine Zahl mit einem Punkt dahinter steht.

Bergische
Buchhandlung

Hückeswagen
www.BergischeBuchhandlung.de
Mail: hueck@BergischeBuchhandlung.de
Umsatzsteuer ID DE203579432

Datum: 02.12.2017 09:57:13 00000/00009
Kasse: 1

Artikel	Menge	Preis	MwSt	Summe

9783482652349
Wichtige Arbeitsgesetze
(B)   1   10,40   0,0%   10,40
9783766360496, Hamm, Ingo
Handlungsmöglichkeiten des Betriebsr
(B)   1   14,90   7,0%   14,90
9783990460269, Staufer, Manfred
Betriebsrat - deine Rechte (f. Öster
(B)   1   29,90   7,0%   29,90

                              Summe   55,20

                              Bar   55,20
                              Zurück   0,00

MwSt 7,0%   2,93
MwSt 19,0%   0,00
MwSt Summe   2,93

Entgelt: 52,27

Bahnhofstraße 8
42499 Hückeswagen
Tel. 02192/4024 Fax 4023
Vielen Dank für Ihren Besuch
Auf Wiedersehen!
lesen, hören, schenken

Anhang Nr. 4

Internetadressen

Wirtschafts- und sozialwissenschaftliches Institut des DGB	www.wsi.de
Hans-Böckler-Stiftung	www.böckler.de
Internationale Arbeitsorganisation (ILO)	www.ilo.org
Deutscher Gewerkschaftsbund	www.dgb.de
IG Bauen-Agrar-Umwelt	www.igbau.de
IG Bergbau Chemie Energie	www.igbce.de
Gewerkschaft der Eisenbahner Deutschlands	www.gded.de
Gewerkschaft Erziehung und Wissenschaft	www.gew.de
Vereinte Dienstleistungsgewerkschaft	www.verdi.de
IG Metall	www.igmetall.de
Gewerkschaft Nahrung Genuss Gaststätten	www.gewerkschaft-ngg.de
Gewerkschaft der Polizei	www.gdp.de
Netzwerk für gewerkschaftliche Themen	www.solinet.de
WebSite für Arbeitnehmer und Betriebsräte	www.soliserv.de
AiB-Verlag	www.aib-verlag.de
Bund-Verlag	www.bund-verlag.de
Homepage der Verfasser	www.judix.de, www.chronosagentur.de

Literaturempfehlungen

Däubler/Kittner/Klebe/Wedde; Betriebsverfassungsgesetz, Kommentar für die Praxis, 13. Aufl., Franfurt/Main 2012

Fricke/Grimberg/Wolter; Betriebsverfassungsgesetz, Kurzkommentar, 3. Aufl., Frankfurt/Main 2010

Helms/Rehbock; Tipps für neu- und wiedergewählte Betriebsratsmitglieder, 5. Aufl., Frankfurt/Main 2012

IG Metall (Hrsg.); Beschäftigungssicherung, Interessenausgleich und Sozialplan, Handlungshilfe Nr. 11, 3/2010

IG Metall (Hrsg.); Die Rechte des BR bei personellen Einzelmaßnahmen, Handlungshilfe Nr. 12, 11/2006

IG Metall (Hrsg.); Kündigungsschutz, Handlungshilfe Nr. 27, 1/2011

IG Metall (Hrsg.); AT-Angestellte, Handlungshilfe Nr. 29, 3/2012

Klebe/Ratayczak/Heilmann/Spoo; Basiskommentar zum BetrVG, 17. Aufl., Frankfurt/Main 2012

Schoof; Betriebsratspraxis von A–Z; 10. Aufl., Frankfurt/Main 2012

Schoof; Betriebsrats-Kalender, Frankfurt/Main 2013

Stichwortverzeichnis